改訂新版

日本人の心がわかる日本語

Understanding the Japanese Mind through Language and Culture

改訂新版の発行にむけて

日本は歴史的にも地理的にも、他の文化との交流が少ないまま近代を迎えました。そのために、外国の人々からみると日本人の気持ちはなかなか理解しにくいところがあるのかも知れません。そう考えて、『日本人の心がわかる日本語』という、すこし複雑なタイトルの本を作ってから、ちょうど十年になりました。

この本は、幸いにして、日本語や日本文化に関心をもつ外国の人々から歓迎されるとともに、多くの日本の人たちからも、「そういえば確かにそのとおりだ」、「日本の若い人たちにもぜひ読んで欲しい」という声をいただいたことは、私にとって予想外の喜びでした。

さらに中国の大手出版社・商務印書館からも中国語版が発行され、日本の文化や言葉に関心をもつ多くの中国の方々から好評をいただいていると聞いております。

その間、この本で取り上げた言葉以外にも、このような外国の人にはわかりにくい日本語があることに気づきましたし、また、さらに深く説明する必要があることも感じるようになりました。

幸いにアスク出版の天谷修身社長から、発行十年を機会に、改訂新版をださないかとの暖かいお言葉をいただき、かねてよりの私の思いを改めて実現する機会をいただいたことは感謝にたえません。また改訂新版に引き続き、英語版も発行されます。

日本語は、その言葉を使う日本人とともに進化を続けます。その日本語と日本人の心を、これからも皆様とともに考え続けて行きたいと思っております。

森田六朗

二〇二一年三月

日本語を学《まな》ぶ方《かた》たちへ

日本列島《れっとう》は周《まわ》りを海に囲《かこ》まれています。そのため中国のように長期《ちょうき》にわたって異民族《いみんぞく》に支配《しはい》される歴史《れきし》も、アメリカのようにさまざまな外来《がいらい》の民族《みんぞく》が新しい国家《こっか》をつくるというような経験《けいけん》もなく、日本は長い間、外部《がいぶ》の人々と交流《こうりゅう》する機会《きかい》が少ないまま近代《きんだい》を迎《むか》えました。日本語や日本文化の中に、外国の人たちから見ると、なかなか理解《りかい》しにくい事柄《ことがら》が見られるのはそのためだと思われます。

たとえば、「日本人は礼儀《れいぎ》正《ただ》しい」とよく言われますが、本当にそうなのでしょうか。もしそうだとして、それはなぜなのでしょうか。また、「日本人は、自分の本当の考えや意見をなかなか言わない」などと言われますが、それはどうしてなのでしょうか。

この本は、「**人目《ひとめ》**」や「**人並《ひとな》み**」、「**控《ひか》えめ**」や「**けじめ**」など、簡単《かんたん》なようで、実《じつ》はいろいろな意味を持って使われていて、外国人にわかりにくい言葉を取《と》り上《あ》げ、その意味や使い方をくわしく見ながら、その背景《はいけい》にある日本人の感《かん》じ方《かた》や考え方について考えてみようとしたものです。日本人は、どのように思ってこう言うのか、またこう言ったときはどのように感《かん》じているのか、ということを、できるだけわかりやすく書いたつもりです。

また「**いさぎよい**」「**品《ひん》**」「**義理《ぎり》**」など、日本人が昔《むかし》から価値《かち》あるもの、美《うつく》しいものと考え、毎日の生活の中で大切にしてきた事柄《ことがら》、考え方などについてもできるだけ取《と》り上《あ》げました。難《むずか》しい単語《たんご》には、英語・中国語・韓国語《かんこくご》の訳《やく》がつけてありますので、それを参考《さんこう》にして、読み進んでください。

さらにくわしく知りたい人は、「もっと深《ふか》く！」を読んでみてください。その中で、その言葉と関係のあるいろいろな知識《ちしき》や、民族学《みんぞくがく》・社会学《しゃかいがく》・哲学《てつがく》・心理学《しんりがく》などの専門家《せんもんか》の見方《みかた》など、興味《きょうみ》深《ぶか》い話題《わだい》を取《と》り上《あ》げています。文章《ぶんしょう》は少し難《むずか》しくなっていますが、挑戦《ちょうせん》してみてください。

どこからでもかまいません。この本で取《と》り上《あ》げた日本語を、ひとつひとつ研究《けんきゅう》していって、日本人がお辞儀《じぎ》をするとき、遠慮《えんりょ》するとき、笑《わら》ったとき、怒《おこ》ったとき、どのように感《かん》じてその言葉を使っているのかがわかるようになったら、あなたの日本語はそうとう進歩《しんぽ》していることでしょう。

この本があなたの日本語の学習《がくしゅう》に役立《やくだ》てば幸《さいわ》いです。

日本語を教える方たちへ

日本語の授業の中で、たとえば「**遠慮する**」という言葉が出てきたとする。それをどう説明するか？　その先生がたまたま英語の単語を知っていて、これは "refrain from..." です、と言ってすむだろうか？　中国語の「客気」と同じですよ、と言って説明したことになるのだろうか？あるいは日本語で「相手のことを考えること、そして何かをしないこと」ですよ、と説明したとして、それで学生たちは理解するだろうか？

日本語の教師をしていると、毎日がこういう悩ましい自問自答の連続だと言っていい。相手の学生の日本語のレベルによって、説明の仕方が変わってくるのはもちろんだとしても、この「**遠慮**」をはじめとして、「**照れる**」、「**いさぎよい**」、「**品**」など、なかなか一言では説明できないような言葉に出会うたびに、いつも歯がゆい思いをしてきた。

それらの言葉の全体像をとっさに過不足なく説明することなど、とてもできない相談なのだが、一人の日本人として、その言葉のイメージや背景にある日本人の感性などを、なんとか伝えることはできないものか、と少しずつではあるが、メモを取り始めた。そのうちに、平素なにげなく使っている簡単な言葉の背景に、意外に深い文化の根がかくれているのに気がついたり、日本人が日常生活の中で、何を考え、どんな風に感じて生きてきたのか、ということが少しずつ見えてきたりした。大学院の「日本文化研究」の授業の中で、日本人の価値観や美意識について説明するのに、そのメモの一部を使ったところ、今までにない手応えがあったことから、本書の執筆を思い立った。

本書は、日本人の感性に深く関わるような意味を内包する言葉、その意味するところ、用例などに注目して、日本人の生活感覚や感性のありようを探ってみたものである。日本語を学んでいる外国人や、日本語を教える先生、さらには外国人とのつきあいの中で日本人の心について語ろうとする人々にとって、何かしら手がかりになれば幸いである。

二〇一一年四月吉日

森田六朗

目次《もくじ》——日本人の心がわかる日本語

第一章
内《うち》と外《そと》を分《わ》ける

内《うち》と外《そと》

関連《かんれん》キーワード　世間《せけん》　けじめ

「**内《うち》と外《そと》**」といえば、第一に、自分の「家庭《かてい》」とその外側《そとがわ》にある「社会」を意味します。「家」という漢字を「うち」と読むのは、そのことを象徴的《しょうちょうてき》に表《あらわ》しています。

日本人にとって、一番初《はじ》めに出会う「内《うち》」は自分の「家」ですが、その後成長《せいちょう》するにしたがって、だんだん学校や会社など自分が所属《しょぞく》している組織《そしき》を「内《うち》」と意識《いしき》するようになり、「うちの会社」「うちの学校」と言うようになります。そして、「内《うち》」以外の人や組織《そしき》を、「外」と考えるのです。「外」はまた「**よそ**」とも言います。

子どもの頃《ころ》は、友だちの家庭《かてい》をうらやましいと思うことがよくありますが、「〇〇くんは新しいゲームを買ってもらった」というような話を聞いて、自分の親に「ぼくも欲《ほ》しい！」とねだった経験《けいけん》は誰《だれ》にでもあるでしょう。そんなときの日本の親の「決《き》まり文句《もんく》」が例1です。

例1　子ども「お母さん、あのおもちゃ買ってよ。みんな持ってるんだよ」

象徴的に　所属する　組織　ねだる　決まり文句

例2　母　親「**よそはよそ、うちはうち！**がまんしなさい！」
　　　　先生、こんにちは。**うちの**子どもがいつもお世話《せわ》になっています。

大人になっても、自分の家庭《かてい》はもちろん「内《うち》」ですが、自分と同じ会社の人も「うちの会社の人」と言い、会社の中でも同じ部署《ぶしょ》の人は「うちの部《ぶ》の人」、はかの部署《ぶしょ》の人は「よその部《ぶ》の人」になります。そして同じ部署《ぶしょ》の中でも、自分と同じプロジェクトチームの人は「うちのチームの人」、ほかのプロジェクトチームの人は「よそのチームの人」となります。

例3　**うちの会社はよその**会社と比《くら》べて給料《きゅうりょう》がいい。
例4　そっちの部長《ぶちょう》は優《やさ》しくていいなあ。**うちの**部長《ぶちょう》なんていつも怒《おこ》ってばかりで大変《たいへん》だよ。

このように、「内《うち》と外《そと》」というのは、自分が所属《しょぞく》する集団《しゅうだん》の枠組《わくぐ》みの変化《へんか》によって、その場その場で変わります。

たとえば、ある組織《そしき》で何か事件《じけん》が起きたときに、それを「**身内**《みうち》（内部《ないぶ》の関係者）」だけで処理《しょり》することを、「**うちうちで**片付《かたづ》ける」と言います。これは、「外」には情報《じょうほう》を出さない、という意味です。

部署　枠組み　処理する

また、普段《ふだん》は着ないようなきれいな服を「**よそ行《ゆ》き**の服」と言ったり、親《した》しい相手《あいて》なのに距離《きょり》があるような態度《たいど》をとることを、「**よそよそしい**」と言ったりします。どちらの言葉も文字通《もじどお》り、「よそ（外）」に行くときの服、「よそ（外）」の人に対してとるような態度《たいど》、という意味です。

例5 もう長いつきあいなんだから、いつまでもそんなに**よそよそしい**話し方をしないで、もっとくだけた話し方をしてよ。

敬語《けいご》は、目上《めうえ》の人やあまり親《した》しくない人に使う場合は丁寧《ていねい》に聞こえる話し方ですが、基本的《きほんてき》には「よそ行《ゆ》き」の言葉です。そのため、親《した》しくなったのにいつまでも敬語《けいご》を使っていると、相手《あいて》にとっては、親《した》しみを感《かん》じない態度《たいど》に見えてしまいます。しかし、あまり親《した》しくないのに、親しそうにするのも「**なれなれしい**」と嫌《いや》がられるかもしれません。

日本人にとって「内《うち》と外《そと》」というのは、自分の言葉づかいや態度《たいど》、行動を決定《けってい》する上で、非常《ひじょう》に重要《じゅうよう》な基準《きじゅん》なのです。

📖 文字通り　くだけた　目上　なれなれしい

もっと深く!

哲学者《てつがくしゃ》の和辻哲郎《わつじてつろう》はその著《ちょ》『風土《ふうど》』の中で、妻《つま》が夫《おっと》のことを「うちの人」と呼《よ》び、夫《おっと》が妻《つま》のことを「家内《かない》」と呼《よ》ぶ日本の例を出して、「このような『うち』と『そと』の区別《くべつ》は、ヨーロッパの言語《げんご》には見いだすことができない」と言っている。また社会人類学者《しゃかいじんるいがくしゃ》の中根千枝《なかねちえ》は、著書《ちょしょ》『タテ社会の人間関係』の中で、日本人の「内《うち》と外《そと》」の意識《いしき》は、組織《そしき》の一体感《いったいかん》を強めるものだが、その反面《はんめん》、同じ組織《そしき》以外の人を排除《はいじょ》することにもなると言っている。

日本語には、「内《うち》」や「外」を使った表現《ひょうげん》がいろいろある。

「**内輪《うちわ》の事情《じじょう》を外《そと》に漏《も》らす**」(=自分の所属《しょぞく》している組織《そしき》の中の事情《じじょう》を、それ以外の人に言うこと)

「**内弁慶《うちべんけい》**」(=家庭《かてい》の中や会社の中では強いが、その「外」に出ると弱《よわ》い人。「弁慶《べんけい》」は、非常《ひじょう》に強い力を持っていたといわれる平安時代末期《へいあんじだいまっき》の僧《そう》)

「**内祝《うちいわ》い**」(=家族や親《した》しい者だけで祝《いわ》うこと)

「**外面《そとづら》がいい**」(=「内《うち》」の人に対しては態度《たいど》がよくないのに、「外」に対してはいい表情《ひょうじょう》をしたり、優《やさ》しい態度《たいど》をとったりすること)

見いだす　社会人類学　一体感　排除する　僧

これらの言葉からもわかるように、日本人は「内《うち》と外《そと》」をはっきりと区別《くべつ》する感覚《かんかく》が非常《ひじょう》に鋭《するど》い。それは、つまり、「けじめ」（↓p30）をつけることでもある。

鋭い

単語《たんご》ノート

象徴的《しょうちょうてき》に	symbolically	象征性地	상징적으로
所属《しょぞく》する	belong to	从属于	소속하다
組織《そしき》	organization	组织	조직
ねだる	beg	央求	조르다
決《き》まり文句《もんく》	pet phrase	老套话 口头禅	입 (말) 버릇 , 상투어
部署《ぶしょ》	department	工作岗位	부서
枠組《わくぐ》み	framework	结构 框架	틀 , 짜임새 , 구조
処理《しょり》する	handle	处理	처리하다
文字通《もじどお》り	literally	字面意义	문자 그대로
くだけた	informal	不拘泥形式	격식을 차리지 않는
目上《めうえ》（の人）	higher ranked, superiors	长辈	손 위 (사람)
なれなれしい	overfamiliar	过分亲昵	매우 친하다 , 허물없다
見《み》いだす	find, be found	找出	발견하다
社会人類学《しゃかいじんるいがく》	social anthropology	社会人类学	사회인류학
一体感《いったいかん》	sense of unity	整体感	일체감
排除《はいじょ》する	exclude	排除	배제하다
僧《そう》	monk	僧侣	중 , 승려 , 스님
鋭《するど》い	sharp	敏锐 锋利	예민하다 , 날카롭다

世間《せけん》

関連《かんれん》キーワード　内《うち》と外《そと》　しつけ

「**世間《せけん》**」とは、具体的《ぐたいてき》な場所や人を指《さ》すのではなく、自分が属《ぞく》している社会、つまり、家族ではない人と人とが、お互《たが》いに関係しながら仕事をしたり、生活をしたりしているところ、というような広い意味を持つ言葉です。「世間《せけん》」を簡単《かんたん》に言うと、家（うち）以外の人々、つまり「外」の人たちとも言えるでしょう（「内《うち》と外《そと》」→p14）。

たとえば、日本人は、何か事件《じけん》を起こしたときに、「世間《せけん》に顔向《かおむ》けできない」とか「世間《せけん》に笑《わら》われる」などとよく言います。この場合の「世間《せけん》」とは、家族や身内《みうち》以外の人、という意味です。

また、政治《せいじ》や社会のニュースなどで、よく「世間《せけん》の声《こえ》」や「世間《せけん》が許《ゆる》さない」という表現《ひょうげん》が使われます。この場合の「世間《せけん》」とは、日本の国民《こくみん》全体や、日本の社会全体を意味しています。

例1　そんな行動は、家族は認《みと》めても、**世間《せけん》**が許《ゆる》さないだろう。

例2　大学生にもなって、そんな**世間知《せけんし》らず**なことを言うと笑《わら》われる。

📖 属する

例3　たとえ**世間《せけん》**を敵《てき》に回《まわ》しても、私は自分の考えを貫《つらぬ》きます。

「**世間知《せけんし》らず**」というのは、社会や世《よ》の中《なか》の習慣《しゅうかん》や決《き》まりを知らないまま生きている人を、批判《ひはん》する言葉です。ふつう、そういう社会や世《よ》の中《なか》の習慣《しゅうかん》や決《き》まりごとは、小さいときから家庭《かてい》で学《まな》ぶものですから、それができないのは、家庭《かてい》での「しつけが悪《わる》い」（↓p26）ということになります。

つまり、日本語の「世間《せけん》」という言葉の裏《うら》には、必《かなら》ず家（うち）、あるいは家族、身内《みうち》という考え方があり、「世間《せけん》」と家は、対立《たいりつ》した関係にあると言ってもいいでしょう。日本人は他人《たにん》との関係を意識《いしき》して行動することが多いため、「世間《せけん》」を使った表現《ひょうげん》はたくさんあります。

「**渡《わた》る世間《せけん》に鬼《おに》はなし**」（＝世《よ》の中《なか》は悪《わる》い人ばかりではない）
「**世間《せけん》の風《かぜ》は冷《つめ》たい**」（＝家の中は住みやすく暖《あたた》かいのに対して、社会は厳《きび》しい）
「**世間《せけん》に顔向《かおむ》けできない**」（＝何か悪《わる》いことをしたので、世間《せけん》に対して恥《は》ずかしい思いをする）

このように、日本人は、世間《せけん》が家や自分をどう見ているかとても気にしています。次《つぎ》の表現《ひょうげん》にある「家」や「親」という言葉には、「世間《せけん》に対する家」、「世間《せけん》から見た家」という意識《いしき》が根底《こんてい》

📖 敵に回す　貫く　対立する　根底

にあります。

「家名《かめい》に傷《きず》がつく」（＝家のメンバーの一人によって、家全体の名誉《めいよ》が汚《けが》される）

「親《おや》の顔《かお》に泥《どろ》を塗《ぬ》る」（＝子どもが何か悪《わる》いことをしたため、親の名誉《めいよ》が汚《けが》される）

現代《げんだい》では、昔《むかし》ほど「家」という考え方は強くなくなっていますが、日本人の行動や考え方の中には、「世間《せけん》」と「家」の二つの意識《いしき》があると言えるでしょう。

📖 名誉

もっと深く！

現代《げんだい》日本語の「人間《にんげん》」は「人」とほとんど同じような意味を持っているが、もともと「人」という意味はなかった。本来《ほんらい》、「人間」は「じんかん」と読み、「人と人の間」、「人《ひと》の世《よ》」を指《さ》す言葉だった。現代《げんだい》中国語でも、「人間」は「世間《せけん》」、「世《よ》の中《なか》」を意味していて、「人」そのものの意味はない。

では、なぜ日本語では「人間」が「人」と同じ意味で使われるようになったのだろうか。

そのことに着目《ちゃくもく》したのは哲学者《てつがくしゃ》の和辻哲郎《わつじてつろう》である。彼《かれ》は著書《ちょしょ》『人間《にんげん》の学《がく》としての倫理学《りんりがく》』の中で、人は世間《せけん》・世《よ》の中《なか》にあって、つまり人間関係において初《はじ》めて「人」となるため、人間を「世《せ》間《けん》」と「人」の二重《にじゅう》の意味に使うことは、人間の本質《ほんしつ》をもっともよく言《い》い表《あらわ》したものであると言っている。人は、個人《こじん》であるとともに社会的な存在《そんざい》であり、日本語の「人間」という言葉は、人と人との間柄《あいだがら》に生きるものとしての「人」を指《さ》している、と言うのである。

着目する　哲学　倫理学　本質　間柄

単語《たんご》ノート

属《ぞく》する	belong to	从属于	소속하다
敵《てき》に回《まわ》す	go against ...	以～为敌	적으로 돌리다
貫《つらぬ》く	penetrate, stick to one's conviction	贯彻	꿰뚫다 , 관찰하다
対立《たいりつ》する	opposition	对立	대립하다
根底《こんてい》	very bottom, underlying	根本	근본 , 기초 , 속
名誉《めいよ》	honor	名誉	명예
着目《ちゃくもく》する	focus on	着眼	주목하다 , 착목하다
哲学《てつがく》	philosophy	哲学	철학
倫理学《りんりがく》	ethics	伦理学	윤리학
本質《ほんしつ》	nature	本质	본질
間柄《あいだがら》	relationship	关系	관계 , 사이

しつけ

関連《かんれん》キーワード
礼儀《れいぎ》　内《うち》と外《そと》

行儀が悪い

日本では、子どもが小さいときから、家の「外」のルールや他人《たにん》への「礼儀《れいぎ》」（↓p97）などを、親が教えるべきだと考えられています。

たとえば、日本の親はよく子どもに、

「ちゃんとあいさつをしなさい」

「悪《わる》いことをしたら、素直《すなお》に（↓p35）『ごめんなさい』と言いなさい」

「年上《としうえ》の人には丁寧《ていねい》な言葉を使いなさい」

「人の迷惑《めいわく》になることをしてはいけません」

「わがままばかり言っていないで、がまんしなさい」

などと、社会生活に関《かか》わるさまざまなことを教えます。この家庭《かてい》での教育《きょういく》のことを、「しつけ」と呼《よ》びます。もし子どもの行儀《ぎょうぎ》が悪《わる》かったり、態度《たいど》に問題があったりしたとき、多くの場合、それは子ども自身《じしん》が悪《わる》いのではなく、親のしつけの問題だとされます。

例1 最近の子どもがきちんとあいさつできないのは、**親のしつけが悪《わる》い**からだ。
例2 小さい頃《ころ》、食べ物を残《のこ》してはいけないと、祖母《そぼ》に厳《きび》しくしつけられました。

「親のしつけが悪《わる》い」という言い方は、子どもだけではなく、大学生や大人に対しても使われることがあります。子どもが大人になったら、親から独立《どくりつ》した一人前《いちにんまえ》の人間と考える欧米《おうべい》の文化と違《ちが》い、日本では、いくつになっても、子どもの行動は親にも責任《せきにん》があると考えられているのです。これは、「内《うち》と外《そと》」（↓p14）の考え方とも関係があり、家（＝内《うち》）というのは、世間《せけん》・社会（＝外）でちゃんと生きていくための教育《きょういく》の場なのだから、その人の「外」での行動は、「内《うち》」に原《げん》因《いん》があるということになるのです。
「**親の顔が見たい**」や「**お里《さと》が知《し》れる**」という表現《ひょうげん》もよく使われます。「お里《さと》」というのは、実《じっ》家《か》（＝自分の生まれ育《そだ》った家）のことですが、どちらも、ある人のよくない行動に関して、「家でのしつけが悪《わる》い（からこうなったのだ）」という意味です。

例3 こんな常識《じょうしき》を知らないなんて、どんな育《そだ》て方《かた》をしたんだ。**親の顔が見たい**よ。
例4 どんなにいい服を着ていても、話し方や食べ方でその人の**お里《さと》が知《し》れる**。

📖 一人前の　責任　常識

また、「しつけ」という言葉は、ペットや会社の従業員《じゅうぎょういん》などに対してもよく使われます。

例5　隣《となり》の犬はいつも夜中《よなか》に吠《ほ》えてうるさい。飼《か》い主《ぬし》がちゃんとしつけをしていないのだろう。

例6　この会社は社員のしつけが悪《わる》い。客《きゃく》が来てもあいさつもしない。

例6の場合、しつけの役割《やくわり》を担《にな》うのは、会社の上司《じょうし》や先輩《せんぱい》です。ここでは、「外」の人に対して、会社全体が「内《うち》」だと考えられているわけです。「内《うち》」と「外」とを分ける日本人の考え方がよく表《あらわ》れている例だと言えるでしょう。

ペットのしつけ

吠える　役割を担う

もっと深く！

衣類《いるい》を仕立《した》てるとき、正しく、きれいに仕上《しあ》げるため、正式《せいしき》に縫《ぬ》う前に、簡単《かんたん》に糸《いと》で止めておくことを「しつけ」と言う。ちょうどそのように、家庭《かてい》で子どもが社会人として正しく生きられるようにすることを「しつけ」と言う。

「しつけ」は、漢字で「躾」と書かれる。「身」と「美」からできていることからわかるように、「自分の身《み》を美《うつく》しくする」という意味から考えられた字である。漢字はもともと中国から日本に伝《つた》わったものであるが、日本人が独自《どくじ》に作った漢字もあり、それを「国字《こくじ》」と言う。「躾《しつけ》」は国字《こくじ》である。

国字《こくじ》には、ほかに「辻《つじ》」「榊《さかき》」「峠《とうげ》」「裃《かみしも》」「畠《はたけ》」などがある。これらの文字が表《あらわ》している物や概念《がいねん》が中国になかったために、該当《がいとう》する漢字がなく、日本人が漢字の作り方のルールにしたがって独自《どくじ》に作ったのである。中には、逆《ぎゃく》に日本から中国に入った漢字もあり、中国で権威《けんい》ある辞書《じしょ》とされる『現代漢語詞典』には、「辻《つじ》」が日本の国字《こくじ》として掲載《けいさい》されている。

そのほか、「鰯《いわし》」「鱈《たら》」「鱚《きす》」「鯱《しゃち》」「鮗《このしろ》」など、「魚《うお》へん」の国字《こくじ》も多いが、それは、日本が周囲《しゅうい》を海に囲《かこ》まれていて、魚が日本人の生活と深《ふか》い関係にあるためだろう。

「しつけ」という言葉はもちろんだが、「躾《しつけ》」（身《み》を美《うつく》しくする）という漢字にも、それを作った日本人の感性《かんせい》が表《あらわ》れている。

📖 仕立てる　仕上げる　縫う　概念　該当する　権威ある　掲載する

単語《たんご》ノート

行儀《ぎょうぎ》が悪《わる》い	badly-behaved	没有礼貌	버릇이 없다
一人前《いちにんまえ》の	qualified	够格的	한 사람 몫의 , 제 몫을 할 수 있는 , 어엿한
責任《せきにん》	responsibility	责任	책임
常識《じょうしき》	common sense	常识	상식
吠《ほ》える	bark	吠	짖다
役割《やくわり》を担《にな》う	take on a role	承担职责	역할을 떠맡다 (담당하다)
仕立《した》てる	tailor	制作	짓다 , 만들다
仕上《しあ》げる	finish	完成	완성하다
縫《ぬ》う	sew	缝	꿰매다 , 바느질하다
概念《がいねん》	concept	概念	개념
該当《がいとう》する	applicable	符合	해당하다
権威《けんい》ある	authoritative	权威的	권위있다
掲載《けいさい》する	carry	刊登	게재하다

けじめ

関連《かんれん》キーワード　しつけ

日常《にちじょう》の生活や社会生活の中で、日本人が一番大切にしていると言ってもいい考え方が、「けじめ」です。日本人は、小さい頃《ころ》から家庭《かてい》や学校で、「ちゃんとけじめをつけなさい」「けじめのある行動をしなさい」と「しつけられ」（→p26）ます。

では「けじめ」とは何でしょうか。

「けじめ」は、さまざまなところに見られます。たとえば、外国人が驚《おどろ》くことのひとつに、年《ねん》末《まつ》のデパートのディスプレイがあります。それまで各所《かくしょ》にあったクリスマスツリーは、十二月二十五日を過《す》ぎたらいっせいにお正月の門松《かどまつ》に変えます。これも、「けじめ」を重《おも》んじる日本人の感性《かんせい》と言えるでしょう。

「けじめ」とは、基本的《きほんてき》には、「区別《くべつ》をはっきりさせる」ということです。特《とく》に、ＴＰＯ（時《とき》や場）や相手《あいて》との関係をよく考えて、それにふさわしい態度《たいど》や行動をとることを指《さ》します。

📖 ディスプレイ　門松　ふさわしい

例１　勉強するときは勉強する、遊ぶときは遊ぶ。けじめのある生活をしなさい。

例２　あの二人は仕事中もおしゃべりばかりしていて、公私《こうし》のけじめがない。

日本人は、同じ人と話す場合でも、それが仕事の席《せき》なのか、プライベートな場面なのかを考えて、言葉づかいや態度《たいど》を変えます。それが「**けじめをつける**」ということです。どんなに親《した》しい友人や恋人同士《こいびとどうし》でも、会社で仕事をするときには敬語《けいご》を使い、ほかの同僚《どうりょう》と同じように接《せっ》しなければなりません。プライベートで仲《なか》がいいからといって、仕事中に親《した》しそうな話し方をしたり、プライベートな話題《わだい》について話したりしていると、周《まわ》りの人に悪《わる》い印象《いんしょう》を与《あた》えることになり、「なんてけじめのない人だ」と思われることになります。

人と人との関係の中で、けじめをつけることは非常《ひじょう》に重要《じゅうよう》で、相手《あいて》が自分より目上《めうえ》なのか目下《めした》なのかという上下関係、内《うち》の人か外の人か、男か女かなどの違《ちが》いによって、言葉づかいや態度《たいど》を変えます。たとえば、仲《なか》のいい友人でも、もし、その人が仕事の上でお客《きゃく》さんになったら、「外」の人と接《せっ》するときの言葉づかいをしなければなりません。もし、その人が自分の上司《じょうし》になった場合は、目上《めうえ》の人に対する言葉づかいや態度《たいど》で接《せっ》する必要《ひつよう》があります。「友人はどんなときでも友人だ」と思う人もいるかもしれませんが、時《とき》と場合によってちゃんと区別《くべつ》して考えること、これが「けじめ」です。

📖 公私　印象　目上　目下

日本人にとって、「けじめをつける」ことは、決《けっ》して相手《あいて》との親《した》しい関係を損《そこ》なうことにはなりません。むしろ、けじめをつけることで、相手《あいて》をより尊重《そんちょう》していることになるのです。

損なう　尊重する

もっと深く！

日本人の行動規範《こうどうきはん》の中で、この「けじめ」という観念《かんねん》はおそらく一番重要《じゅうよう》なものだろう。「けじめ」とは、区別《くべつ》や差別化《さべつか》ということであるが、それは単《たん》なる区別《くべつ》や差別化《さべつか》ではない。公《こう》と私《し》、内と外、男と女、目上《めうえ》と目下《めした》、先輩《せんぱい》と後輩《こうはい》、先生と生徒《せいと》など、社会におけるあらゆる関係を意識《いしき》し、さまざまな状況《じょうきょう》の中で、はっきり違《ちが》いを持たせて言語《げんご》や行動に表《あらわ》すことである。

日本人は小さい頃《ころ》から、親にずっと「お兄ちゃんなんだから、男の子なんだから、○○しなさい」などと「しつけられて」育《そだ》つ。学校に行くようになれば「先生に対して、上級生《じょうきゅうせい》に対して、その言い方は何ですか！」と教育《きょういく》を受ける。そして、就職《しゅうしょく》して会社に入れば、上司《じょうし》に対して、顧《こ》客《きゃく》に対して、どのような言動《げんどう》をとらなければならないかを学《まな》んでいく。このように日本人は、家《か》庭《てい》や学校、職場《しょくば》などあらゆる場所において、「けじめ」の意識《いしき》を持つことが要求《ようきゅう》され、それができなければ、「けじめがない」「だらしない」と批判《ひはん》されるのである。

こうして、敬語《けいご》などの言葉づかいはもちろん、目上《めうえ》・目下《めした》などの人間関係を学《まな》び、上司《じょうし》や顧《こ》客《きゃく》に対する態度《たいど》・姿勢《しせい》などの社会的《しゃかいてき》な行動規範《こうどうきはん》を身《み》につけ、一人前《いちにんまえ》の「日本人」に育《そだ》っていくのである。

📖 行動規範　観念　差別化　顧客　一人前の

単語《たんご》ノート

ディスプレイ	display	陈列	전시 , 디스플레이
門松《かどまつ》	*Kadomatsu* (traditional Japanese New Year decoration)	门松（新年门前的传统装饰）	'가도마쓰'（정월에 집 문 앞에 세우는 소나무 장식）
ふさわしい	appropriate	合适的	적합하다 , 걸맞다
公私《こうし》	business and personal	公私	공사
印象《いんしょう》	impression	印象	인상
目上《めうえ》（の人）	higher ranked, superiors	长辈	손 위（사람）
目下《めした》（の人）	lower ranked, inferiors	晚辈	손 아래（사람）
損《そこ》なう	ruin	损害	망치다
尊重《そんちょう》する	respect	尊重	존중하다
行動《こうどう》規範《きはん》	standard of conduct	行为规范	행동규범
観念《かんねん》	notion	观念	관념
差別化《さべつか》	differentiate	区别性	차별화
顧客《こきゃく》	client	顾客	고객
一人前《いちにんまえ》の	qualified	够格的	한 사람 몫의 , 제 몫을 할 수 있는 , 어엿한

素直《すなお》

関連キーワード　派手《はで》・地味《じみ》　いさぎよい

「素直《すなお》」というのは、ありのままだ、性格《せいかく》が純粋《じゅんすい》で素朴《そぼく》だ、という意味で、心がまっすぐでねじれていないことを表《あらわ》す言葉です。

もともと日本人は自然《しぜん》のままのもの、人の手を加《くわ》えていないものに価値《かち》があると考え、派手《はで》に飾《かざ》ったものよりも、地味《じみ》なもの、素朴《そぼく》なものを好《この》みます（「派手《はで》・地味《じみ》」→p169）。そのため、人の性《せい》格《かく》についても、「素直《すなお》」であることが高く評価《ひょうか》されるわけです。

例1　あの子は**素直《すなお》**で、とてもいい子だね。

子どもは一般《いっぱん》に、大人のように人を疑《うたが》ったり、自分を飾《かざ》ったりしないものです。そのため、大人の言うことを疑《うたが》わないで「素直《すなお》」に聞く子どもは、子どもらしい、いい子だと褒《ほ》められ、反対《はんたい》に、大人の言うことを疑《うたが》ったり、親に注意されても言《い》い返《かえ》したりするような子どもは「素直《すなお》じゃ

ありのまま　純粋な　素朴な　ねじれる　価値　言い返す

ない」、子どもらしくないと悪《わる》く思われます。

「素直《すなお》」であることは、大人になってからも求《もと》められることがあります。

例2　自分がやったと**素直《すなお》に**認《みと》めなさい。

例3　上司《じょうし》の指示《しじ》に**素直《すなお》に**従《したが》う。

例4　彼《かれ》は人の言うことを**素直《すなお》に**受《う》け取《と》らないので、話していて疲《つか》れる。

「素直《すなお》」は本来《ほんらい》、心が曲《ま》がっていないことを指《さ》す言葉ですが、例2や例3では、「いさぎよさ」（→p181）や「従順《じゅうじゅん》さ」と同じような意味として使われています。つまり、日本人にとって、「素《す》直《なお》であること」は、「いさぎよいこと」や「従順《じゅうじゅん》であること」と同じように好《この》ましいものと考えられているということです。

反対《はんたい》に、人の言うことを素直《すなお》に受《う》け取《と》らないような性格《せいかく》の人のことを、「**へそ曲《ま》がり**」（＝へそが体の中心にないという意味で、性格《せいかく》がゆがんでいる人）と言います。

📖 従う　従順な　ゆがむ

単語《たんご》ノート

ありのまま	as it is	如实	있는 그대로
純粋《じゅんすい》な	pure	纯粹的	순수한
素朴《そぼく》な	innocent	朴素的	소박한
ねじれる	twisted	乖僻	비틀어지다
価値《かち》	value	价值	가치
言《い》い返《かえ》す	talk back	还口	말대꾸하다
従《したが》う	follow	服从 遵守	따르다
従順《じゅうじゅん》な	obedient	顺从的	고분고분한
ゆがむ	distorted	歪曲不正	(성격이) 비뚤어지다

甘《あま》える

関連《かんれん》キーワード　しつけ　内《うち》と外《そと》　空気を読む　遠慮《えんりょ》

「**甘《あま》える**」というのは、他人《たにん》に好意《こうい》や愛情《あいじょう》を求《もと》めたり、世話《せわ》してほしい、助《たす》けてほしいと強く期《き》待《たい》したりして、それを態度《たいど》や行動に出すことです。

一番わかりやすいのは、子どもが親に「甘《あま》える」ことでしょう。赤ちゃんが母親の愛情《あいじょう》を求《もと》めて抱《だ》きついたり泣《な》いたりするのは、「甘《あま》え」の行為《こうい》です。また、少し大きくなった子どもが、おもちゃを買ってほしくて泣《な》き叫《さけ》んだりするのも甘《あま》えている、ということになります。

このとき、親が子どものしたいことを何でも許《ゆる》したり、欲《ほ》しがるものを何でも与《あた》えたりすることを「**甘《あま》やかす**」と言います。親が子を甘《あま》やかすと、わがままな子（＝自分中心に考える子）になりやすいので、「しつけ」（→p25）の観点《かんてん》から、一般《いっぱん》にはよくないことだと思われています。

例1　赤ちゃんが母親に**甘《あま》える**姿《すがた》はかわいい。

例2　あの子は欲《ほ》しいものは何でも両親《りょうしん》に買ってもらうなど、**甘《あま》やかされて**育《そだ》った。

抱きつく

「甘《あま》える」には、子どものイメージが強いのですが、実《じつ》は大人でも甘《あま》えの行為《こうい》はよく見られます。たとえば、女性が恋人《こいびと》に向《む》かって、「ねえ、ダイヤの指輪《ゆびわ》買ってぇ」と言うのも「甘《あま》え」ですし、仕事でトラブルがあったときに、先輩《せんぱい》や上司《じょうし》が助《たす》けてくれることを期待《きたい》するのも、「甘《あま》え」だと言えるでしょう。

このように、普段《ふだん》親《した》しい関係の人に、「相手《あいて》は自分の要求《ようきゅう》を当然《とうぜん》受け入《い》れてくれるだろう」「自分を助《たす》けてくれるだろう」というような期待《きたい》を持ち、相手《あいて》に強く寄《よ》りかかるような感情《かんじょう》を「甘《あま》え」と言うのです。

日本人はこのような「甘《あま》え」の感情《かんじょう》を持ちやすいと言われていますが、それには、「外」に対して「内《うち》」の意識《いしき》が強く働《はたら》くことや（「内《うち》と外《そと》」→p14）、言葉に出さなくてもお互《たが》いの気持ちをわかり合う（「空気を読む」→p79）というような習慣《しゅうかん》が関係していると言えるでしょう。

ただし、大人の場合、一般《いっぱん》に「甘《あま》え」はよくないことだと考えられています。いくら親《した》しい間柄《あいだがら》でも、他人《たにん》に対しては「遠慮《えんりょ》」（→p64）があるべきだと思われているからです。

例3　A「よかったら、お昼、うちで食べていきませんか」
B「えっ、いいんですか。それでは、遠慮《えんりょ》なく、お言葉に**甘**《あま》**え**させていただきます」

受け入れる　寄りかかる　間柄

このように、人から好意《こうい》や援助《えんじょ》を受けるときには、「それでは、遠慮《えんりょ》なく」とか、「それでは、お言葉に甘《あま》えさせていただきます」のように言います。

親《した》しくなったのに、遠慮《えんりょ》ばかりするのは「**水《みず》くさい**」と嫌《いや》がられ、甘《あま》えてばかりいると「**親《した》しき仲《なか》にも礼儀《れいぎ》あり**」と、少しは遠慮《えんりょ》すべきだと思われます。「甘《あま》え」と「遠慮《えんりょ》」のバランスはなかなか難《むずか》しいのですが、いい人間関係を築《きず》く上で、この二つを上手に使《つか》い分《わ》けるのは、とても大切なことです。

📖 援助　水くさい

もっと深く!

心理学者《しんりがくしゃ》の土居健郎《どいたけお》はアメリカに研究滞在《けんきゅうたいざい》しているうちに、欧米人《おうべいじん》の間にも、「甘《あま》え」に似《に》た行為《こうい》や態度《たいど》が見られるにもかかわらず、それにあたる概念《がいねん》や言葉がほとんどないことに気づく。ということは、彼《かれ》らの中に「甘《あま》え」の意識《いしき》もないことになる。一方《いっぽう》、日本では「甘え」は日常《にちじょう》的《てき》であり、言葉としてもよく使われている。このことから、「甘《あま》える」が、きわめて日本的な特《とく》色《しょく》を持ったものであることに思い至《いた》る。その研究成果《けんきゅうせいか》をまとめた著書《ちょしょ》『「甘《あま》え」の構造《こうぞう》』は、日本人の間で大きな反響《はんきょう》を呼《よ》び、一大《いちだい》ベストセラーとなった。

彼《かれ》はその中で、「甘《あま》える」というのは、相手《あいて》と一体《いったい》になりたいという願望《がんぼう》の感情《かんじょう》であるとし、日本人の生活のさまざまな場面で「甘《あま》え」の心理《しんり》が強く働《はたら》いていることを明《あき》らかにしている。

📖 ～にあたる　概念　特色　反響を呼ぶ　ベストセラー

単語《たんご》ノート

抱《だ》きつく	hug	抱住	껴 안다
受《う》け入《い》れる	accept	接受	받아들이다 , 수용하다
寄《よ》りかかる	lean against, depend on ...	依靠	의존하다 , 기대다
間柄《あいだがら》	relationship	关系	관계 , 사이
援助《えんじょ》	assistance	援助	원조
水《みず》くさい	standoffish	见外	서먹서먹하다 , 덤덤하다
~にあたる	correspond to	相当于	에 해당되다
概念《がいねん》	concept	概念	개념
特色《とくしょく》	characteristic	特色	특색
反響《はんきょう》を呼《よ》ぶ	create a sensation	引起反响	반향을 일으키다
ベストセラー	best seller	畅销书	베스트셀러

第二章　他人《たにん》の目を意識《いしき》する

人目《ひとめ》

関連《かんれん》キーワード　恥《はじ》　世間《せけん》

日本人は、「恥《はじ》」の意識《いしき》がとても強い民族《みんぞく》だと言われます。「恥《は》ずかしい」と思う感覚《かんかく》や「恥《はじ》」(↓p 49)の意識《いしき》の裏《うら》には、自分の行動や態度《たいど》を周囲《しゅうい》の人がどう思っているのか気にする気持ちがあります。日本人はいつも自分のことを他人《たにん》がどう思っているか意識《いしき》しながら生きていると言っても、決《けっ》して大《おお》げさではありません。

この場合、他人《たにん》というのは特定《とくてい》の「誰《だれ》か」ではなく、周囲《しゅうい》の人や「世間《せけん》」(↓p 20)一般《いっぱん》の人々です。このような周囲《しゅうい》の人の視線《しせん》、「世間《せけん》の目」のことを、「**人目**《ひとめ》」と言います。

例1　彼女《かのじょ》に話しかけたかったけど、**人目**《ひとめ》が気になって、できなかった。
例2　犯罪《はんざい》は**人目**《ひとめ》**のない**所で行われることが多い。

外国人が日本で電車に乗ったとき、乗客《じょうきゃく》がとても静《しず》かなことに驚《おどろ》く、と聞きます。これは日本

大げさな　特定の　視線

人が、人の大勢《おおぜい》集まるところでは、いつも「人目《ひとめ》」を気にしていて、人から注目《ちゅうもく》されるようなことをしないようにしているからだと言えるでしょう。

日本人がどれほど「人目《ひとめ》」を気にするのかは、日本語の中に、「人目《ひとめ》」に関《かか》わる表現《ひょうげん》が非常《ひじょう》にたくさんあることからもわかります。

「彼《かれ》は母親の葬式《そうしき》のとき、**人目《ひとめ》もはばからずに**（＝周囲《しゅうい》の人のことを気にしないで）大声で泣《な》いた」

「このポスターをどこか、**人目《ひとめ》につく場所**（＝他人《たにん》からよく見える場所）に貼《は》っておいて」

「彼《かれ》はいつも**人目《ひとめ》をひく**ような（＝他人《たにん》の注意を向《む》けさせるような）派手《はで》な服を着ている」

「会社を首《くび》になったが、**人目《ひとめ》がうるさい**から（＝他人《たにん》に知られていろいろ聞かれたりすると面倒《めんどう》だから）、毎朝、出勤《しゅっきん》するふりをしている」

「電車の中で平気《へいき》で抱《だ》き合《あ》うなど、今の若《わか》い人の行動には**人目《ひとめ》に余《あま》る**ものがある（＝他人《たにん》の目から見ると不快《ふかい》に感《かん》じる）」

「犯罪者《はんざいしゃ》の家族は、**人目《ひとめ》を避《さ》ける**ようにして（＝周囲《しゅうい》の人の視線《しせん》を避《さ》けるようにして）生活している」

ふりをする

「昔《むかし》の恋人《こいびと》たちは、**人目《ひとめ》を忍《しの》ぶ**ようにして（＝他人《たにん》の視線《しせん》を気にしながら）会っていたものですよ」

「二人は、**人目《ひとめ》を盗《ぬす》んで**（＝人に見つからないようにこっそりと）、密会《みっかい》を重《かさ》ねていた」

このように見てくると、日本人の心理《しんり》の中で、周囲《しゅうい》の人の視線《しせん》、世間《せけん》の目というものが、いかに強く意識《いしき》されていたのかがわかります。現代《げんだい》においては、その意識《いしき》は多少《たしょう》薄《うす》れて来ていますが、それでも「人目《ひとめ》」は、まだ人々の行動や態度《たいど》に大きな影響《えいきょう》を与《あた》えていると言えるでしょう。

密会　薄れる

もっと深く!

「人目《ひとめ》」に関《かか》わる表現《ひょうげん》がこのように多いのは、日本人がいかに他人《たにん》の視線《しせん》、世間《せけん》の目を気にしながら日常生活《にちじょうせいかつ》を送っているか、ということを示《しめ》すものだが、実《じつ》はこの「人目《ひとめ》」という言葉は、古く『万葉集《まんようしゅう》』の歌の中にも見られる。

「うつせみの**人目**《ひとめ》繁《しげ》けば　ぬばたまの夜《よ》の夢《ゆめ》にを継《つ》ぎて　見《み》えこそ」
（＝世間《せけん》の人目《ひとめ》が多いので、夜の夢《ゆめ》の中に続けて現《あらわ》れてください）
「うつせみの**人目**《ひとめ》を繁《しげ》み　石橋《いわはし》の間近《まぢか》き君《きみ》に　恋《こい》わたるかも」
（＝人目《ひとめ》が多いために、こんなに近くにいるあなたに会えず、恋《こい》しく思っています）
「かくばかり面影《おもかげ》にのみ念《おも》ほえば　如何《いか》にかもせん　**人目**《ひとめ》繁《しげ》くて」
（＝あなたの面影《おもかげ》だけが浮《う》かんできて、現実《げんじつ》に会えないのがつらい、人目《ひとめ》がうるさいので）

『万葉集《まんようしゅう》』は、伝承《でんしょう》の時代《じだい》から八世紀半《せいきなか》ばまでの和歌《わか》を集めた日本最古《さいこ》の和歌集《わかしゅう》である。この中には、皇族《こうぞく》・貴族《きぞく》から庶民《しょみん》に至《いた》るまで、幅広《はばひろ》い階層《かいそう》の人々がうたった和歌《わか》が四千五百首収《しゅおさ》められている。このような古い時代からすでに日本人は、世間《せけん》の目を気にしながら恋《こい》し、生きていたことがわかる。

恋しい　面影　和歌　皇族　貴族　庶民　階層

単語《たんご》ノート

大《おお》げさな	exaggerated	夸张	과장
特定《とくてい》の	a certain ...	特定的	특정의
視線《しせん》	line of sight, gaze	视线	시선
ふりをする	pretend	假装	인 척하다 , 인체하다
密会《みっかい》	secret rendezvous	密会	밀회
薄《うす》れる	fade	淡忘	엷어지다 , 희미해지다
恋《こい》しい	long for	恋慕	그립다
面影《おもかげ》	visual image in memory	回忆中的面貌	용모 , 모습
和歌《わか》	A genre of Japanese poetry and a major genre of Japanese literature	和歌	일본 고유의 정형시
皇族《こうぞく》	imperial family	皇族	황족
貴族《きぞく》	the nobility	贵族	귀족
庶民《しょみん》	the people	庶民	서민
階層《かいそう》	class	阶层	계층

恥《はじ》

関連《かんれん》キーワード
世間《せけん》　人目《ひとめ》　武士道《ぶしどう》

人は自分の属《ぞく》する社会の中で、一定《いってい》の位置《いち》を占《し》め、何らかの役割《やくわり》を持ちながら生きています。つまり、その人なりに「世間《せけん》」（↓p20）から受ける評価《ひょうか》というものがあり、それを意識《いしき》しながら生きているとも言えるでしょう。

ですから、もし何か失敗《しっぱい》したり、自分の欠点《けってん》を知られたり、罪《つみ》を犯《おか》したりすれば、自分の評《ひょう》価《か》を落《お》とすことになります。そうして、自分のプライドや名誉《めいよ》を傷《きず》つけられたときの気持ちを、「**恥《は》ずかしい**」と言います。

「格好《かっこう》がつかない」「世間体《せけんてい》が悪《わる》い」「面目《めんぼく》がない」「面子《めんつ》がつぶれる」などの表現《ひょうげん》は、すべて「自分に対する世間《せけん》の評価《ひょうか》を落《お》としてしまって恥《は》ずかしい」という気持ちを表《あらわ》しています。このような場合、「**恥《はじ》をかく**」ともいいます。

例1　彼女《かのじょ》を食事に誘《さそ》ったのに、財布《さいふ》を忘《わす》れて**恥《はじ》をかいた**。

属する　名誉

例1は、もちろん「恥《は》ずかしかった」と言うこともできますが、「恥《はじ》をかいた」というのは、彼女《かのじょ》や店の人など、その事実《じじつ》を知られた相手《あいて》に対して、自分の格好悪《かっこうわる》い姿《すがた》を見られてしまったことに対して「恥《は》ずかしい」と思う気持ちを表《あらわ》しています。

つまり、「恥《は》ずかしい」というのが、主《おも》に自分自身《じぶんじしん》の個人的《こじんてき》な感情《かんじょう》を表《あらわ》すのに対して、「恥《はじ》をかく」というのは、もう少し客観的《きゃっかんてき》な視点《してん》からの表現《ひょうげん》と言ってもいいでしょう。

たとえば、うっかり滑《すべ》って転《ころ》んでしまったとき、それを誰《だれ》も見ていなくても「こんなところで転《ころ》ぶなんて、ちょっと恥《は》ずかしい」と自分で思うことがありますが、このときは「恥《はじ》をかいた」とは言いません。「恥《はじ》」は、個人的《こじんてき》な感覚《かんかく》よりももっと広い世間一般《せけんいっぱん》の「目」や社会の評価《ひょうか》、あるいは道徳的《どうとくてき》な意識《いしき》から来ることが多いのです。

日本人は、自分が他人《たにん》の目にどのように映《うつ》っているかを強く意識《いしき》して生きています（「人目《ひとめ》」↓p44）。ですから「恥《はじ》」の感覚《かんかく》が非常《ひじょう》に強いと言うことができるでしょう。逆《ぎゃく》に「恥《はじ》」の意識《いしき》がまったくないような人、悪《わる》いことを平気《へいき》でやるような人を、「恥知《はじし》らず」と非難《ひなん》します。

例2　お金のために友人を裏切《うらぎ》るなんて、君《きみ》はなんという恥知《はじし》らずな人間だ。

📖 客観的な　道徳的な　裏切る

「恥《はじ》を知る」ということは、一人の人間として社会生活を送る上できわめて大切なことであるわけです。

この「恥知《はじし》らず」というのは、その人の人格《じんかく》に関《かか》わる非常《ひじょう》に重い表現《ひょうげん》ですが、もう少し軽《かる》い言い方に、「**みっともない**」や「**見苦《みぐる》しい**」があります。「みっともない格好《かっこう》」「見苦《みぐる》しい態度《たいど》」のように使われますが、これらの言葉は、本人《ほんにん》の気持ちはどうであれ、周囲《しゅうい》の人から見てよくない、「外（世間《せけん》）に与《あた》える印象《いんしょう》が悪《わる》い」という意味です。

例3　そんな汚《よご》れた服を着て、みっともないからすぐ脱《ぬ》ぎなさい。

例3は、日本の親がよく子どもを叱《しか》るときに使う表現《ひょうげん》ですが、これは、子どもが汚《よご》れた服を着ているのを自分（親）が嫌《いや》だと思っているというよりも、「そんな姿《すがた》を外の人に見られたら、自分（たち）が恥《はじ》をかく」という意味で、「世間《せけん》の目」を意識《いしき》して言っているのです。

アメリカの文化人類学者《ぶんかじんるいがくしゃ》ルース・ベネディクトは、『菊《きく》と刀《かたな》』という本の中で、日本人は「恥《はじ》」という価値基準《かちきじゅん》をもとに行動する「恥《はじ》の文化（shame culture）」を持つ民族《みんぞく》だと書いていますが、日本語に「世間《せけん》の目」を意識《いしき》した表現《ひょうげん》が多いことからも、そう言えるでしょう。

人格　文化人類学　価値基準

もっと深く！

人が何を「恥《はじ》」と思うかは、社会や時代によって異《こと》なる。平安時代中期《へいあんじだいちゅうき》（十世紀頃《せいきごろ》）に発生《はっせい》した武士《ぶし》は、主人《しゅじん》のために戦地《せんち》に行って戦《たたか》い、その褒賞《ほうしょう》として土地《とち》をもらって自分の一族《いちぞく》を養《やしな》う、というのが一般的《いっぱんてき》な姿《すがた》だった。戦場《せんじょう》において、敵《てき》の陣地《じんち》に一番先に馬《うま》を乗《の》り入《い》れて勇敢《ゆうかん》に戦《たたか》うことは「**一番乗《いちばんの》り**」と言って、武士《ぶし》の最高《さいこう》の名誉《めいよ》とされた。

逆《ぎゃく》に、勇気《ゆうき》のない行動は武士《ぶし》の「恥《はじ》」とされた。特《とく》に、「**後《うし》ろ傷《きず》**」は一番の恥《はじ》であった。「後《うし》ろ傷《きず》」とは、戦《たたか》いの中で背中《せなか》に負《お》った傷《きず》のことである。体の前ではなく背中《せなか》を切られるということは、逃《に》げようとして敵《てき》に背中《せなか》を見せた証拠《しょうこ》であり、敵《てき》を恐《おそ》れたことになる。戦場《せんじょう》において、「**敵《てき》に背中《せなか》を見せる**」ことは、何よりも「恥《はじ》」だと考えられていたのである。

その後、江戸時代《えどじだい》（一六〇三〜一八六八年）になって、あまり大きな戦争《せんそう》がなくなると、武士本来《ぶしほんらい》の姿《すがた》が失《うしな》われるようになり、あらためて「武士《ぶし》のあるべき姿《すがた》」を示《しめ》す必要《ひつよう》が出てきた。それが「**武士道《ぶしどう》**」（→p152）と呼《よ》ばれるものである。たとえ戦《たたか》いがなくても、主人《しゅじん》のためにいつでも命《いのち》をかけて戦《たたか》う覚悟《かくご》を持つこと（＝「忠《ちゅう》」の考え方）が重要視《じゅうようし》され、死《し》を恐《おそ》れないこと、金銭《きんせん》への欲望《よくぼう》を持たないことなどが美徳《びとく》とされた。武士《ぶし》としての誇《ほこ》りを失《うしな》うことは最大《さいだい》の恥《はじ》であった。江戸時代《えどじだい》に強調《きょうちょう》された武士道《ぶしどう》の考え方から見ると、鎌倉時代《かまくらじだい》（一一八五〜一三三三年）の武士《ぶし》のように褒賞《ほうしょう》のために戦《たたか》うのは、むしろ恥《は》じるべきことだったのである。「武士道《ぶしどう》」は、そういう意味で

📖 褒賞　陣地　勇敢な　命をかけて　覚悟　欲望　美徳　誇り

は、かなり理想化《りそうか》された面《めん》を持っているとも言える。

武士《ぶし》が社会の中心であった時代が、鎌倉時代《かまくらじだい》から明治維新《めいじいしん》まで約《やく》七〇〇年間も続いたため、「武士道《ぶしどう》」、特《とく》に「恥《はじ》」の意識《いしき》は日本人の中で重要《じゅうよう》な行動原理《こうどうげんり》となり、現代《げんだい》でもなお根強《ねづよ》く生きていると言えよう。

理想化する　明治維新　行動原理

単語《たんご》ノート

属《ぞく》する	belong to	从属于	소속하다
名誉《めいよ》	honor	名誉	명예
客観的《きゃっかんてき》な	objective	客观的	객관적인
道徳的《どうとくてき》な	ethical	道德性的	도덕적인
裏切《うらぎ》る	betray	出卖	배신하다
人格《じんかく》	character	人格	인격
文化人類学《ぶんかじんるいがく》	cultural anthropology	文化人类学	문화인류학
価値基準《かちきじゅん》	standard of value	价值基准	가치기준
褒賞《ほうしょう》	reward	奖赏	포상
陣地《じんち》	position	阵地	진지
勇敢《ゆうかん》な	brave	勇敢的	용감한
命《いのち》をかけて（～する）	a do-or-die ...	拼命	목숨을 걸어
覚悟《かくご》	preparedness	决心	각오
欲望《よくぼう》	desire	欲望	욕망
美徳《びとく》	virtue	美德	미덕
誇《ほこ》り	pride	自豪	자랑
理想化《りそうか》する	idealize	理想化	이상화하다
明治維新《めいじいしん》	the Meiji Restoration	明治维新	메이지유신
行動原理《こうどうげんり》	behavioral principle	行为原理	행동원리

照《て》れる

関連《かんれん》キーワード
内《うち》と外《そと》　控《ひか》えめ

「その服、素敵《すてき》ですね」とか、「奥《おく》さん、きれいですね」などと褒《ほ》められたら、あなたは何と返《へん》事《じ》をしますか。

素直《すなお》に「ありがとう」とか「私もそう思います」と答える、という人もいるでしょう。しかし日本人は、このように人から褒《ほ》められたとき、多くの場合は「いやあ、それほどでもありません」とか、「いえいえ」などと言って、恥《は》ずかしそうにします。このような態度《たいど》を、「**照《て》れる**」と言います。

褒《ほ》められたのに、どうして恥《は》ずかしいと思うのでしょうか。

一般《いっぱん》に日本人は、感情《かんじょう》をそのまま表現《ひょうげん》するのはよくないこと、はしたない（→p164）ことだと思っています。そのため、嬉《うれ》しいことであれ、悲《かな》しいことであれ、それをあまり表《おもて》に出さないようにしようとします。

もちろん、褒《ほ》められたら嬉《うれ》しいに決《き》まっています。しかし、その嬉《うれ》しい気持ちを外に出すのは恥《は》ずかしいので、複雑《ふくざつ》な気持ちになります。このような気持ちを、「**照《て》れくさい**」と言います。みんなの前で失敗《しっぱい》したら、「恥《は》ずかしい」気持ちになりますが、みんなの前で褒《ほ》められると、「照《て》れくさい」気持ちになるのが日本人なのです。

例1　そんなに褒《ほ》められたら、**照《て》れる**なあ。
例2　あちらのきれいな方《かた》は奥様《おくさま》ですか。**照《て》れないで**紹介《しょうかい》してくださいよ。

「奥《おく》さん、きれいですね」と言われ、そのとき「いやあ、照《て》れるなあ」と答えると、「実《じつ》は自分もそう思っているけれども、それを表《あらわ》すのは恥《は》ずかしいからしません」という、さりげない肯定《こうてい》の表現《ひょうげん》になってしまいます。

伝統的《でんとうてき》に、武士《ぶし》はあまり感情《かんじょう》を表《おもて》に出さないという考え方があったためか、日本人の男性には「照《て》れ屋《や》（＝照《て》れやすい性格《せいかく》の人）」が多いようです。日本人の男性は、恋人《こいびと》に「愛してる」などと言ってストレートに愛情《あいじょう》を表現《ひょうげん》したり、自分の家族を外の人の前で褒《ほ》めるということをあまりしませんが、それは愛情《あいじょう》が薄《うす》いからではなく、照《て》れているためなのです。

似《に》たような日本語に、「**きまり悪《わる》い**」があります。「照《て》れる」のも「恥《は》ずかしい」のも「きまり悪《わる》い」と言えますが、たとえば、部長《ぶちょう》と課長《かちょう》が密談《みつだん》しているところに偶然《ぐうぜん》入ってしまったとか、

📖ストレートに　密談

一緒《いっしょ》に映画を見ていて、自分が泣《な》いてしまったのを相手《あいて》に気づかれてしまった場合などに感《かん》じる感情《かんじょう》です。つまり、見てはいけないものを見てしまったときや、自分の心の中を相手《あいて》に知られてしまった場合などに、どう反応《はんのう》していいかわからない気持ちを言います。その場で「どう対応《たいおう》していいかきまりがつかない」から「きまり悪《わる》い」のです。

自分の気持ちをストレートに表現《ひょうげん》することが当然《とうぜん》という文化の中で育《そだ》った人は、照《て》れたり、きまり悪《わる》いと思ったりする日本人の感《かん》じ方《かた》を不思議《ふしぎ》に思うかもしれません。

もっと深く!

日本人は「内《うち》と外《そと》」（↓p14）をはっきりと区別《くべつ》する感覚《かんかく》が強い。しかも、「内《うち》」、たとえば家庭《かてい》内《ない》の事情《じじょう》などを、「外」に対してあまり明《あき》らかにしない傾向《けいこう》がある。もし、他人《たにん》に話すにしても、得意《とくい》になっていろいろと話したり、自慢《じまん》したりするのをできるだけ抑《おさ》えようとする意識《いしき》が働《はたら》くのがふつうである（「控《ひか》えめ」↓p116）。

そのために、人から自分の家族のことなどを聞かれた場合、謙遜《けんそん》して低めて言ったり、悪《わる》く言ったりすることが多い。次《つぎ》の例のように、褒《ほ》められたときには特《とく》にその傾向《けいこう》が強い。

A「お宅《たく》のお子さんは、とても勉強ができるそうですね」

B「いやいや、どら息子《むすこ》で、困《こま》ってるんですよ」

A「奥《おく》さんは、絵がお上手だそうですね」

B「とんでもない、うちのやつのなんて、幼稚園《ようちえん》のお絵描《えか》き程度《ていど》ですよ」

このように家族のことを褒《ほ》められた場合、内心《ないしん》は嬉《うれ》しいが、素直《すなお》に「そうです」とは言えない。「照《て》れくさい」ために、本心《ほんしん》と反対《はんたい》に悪《わる》く言ったりするのである。

📖 得意になる　自慢する　抑える　謙遜する　どら息子
お絵描き　内心　本心

「**照《て》れ笑《わら》い**」は、そのような心理状態《しんりじょうたい》のときに笑《わら》ってごまかすことをいい、「**照《て》れ隠《かく》し**」というのは、自分のそういう照《て》れる感情《かんじょう》を隠《かく》すために、笑《わら》ったり、否定《ひてい》するような言葉を言ったりするような行動を指《さ》している。「照《て》れる」というのは非常《ひじょう》に日本的な感情《かんじょう》と言えるだろう。

ごまかす

単語《たんご》ノート

ストレートに	straightforward	直截了当	솔직히 , 직설적으로
密談《みつだん》	backroom meeting	密谈	밀담
得意《とくい》になる	act conceited	得意	우쭐거리다
自慢《じまん》する	boast	自夸	자랑하다
抑《おさ》える	restrain	抑制	억제하다 , 누르다
謙遜《けんそん》する	humble oneself	谦逊	겸손하다
どら息子《むすこ》	lazy son	败家子	방탕한 자식
お絵描《えか》き	painting and drawing	小孩的涂鸦	유치원생 수준의 그림
内心《ないしん》	in the back of one's mind	内心	내심
本心《ほんしん》	genuine feeling	心里话	본심
ごまかす	elude	敷衍	얼버무리다 , 웃어 넘기다

コラム　日常の会話から❶

「いってらっしゃい」――あいさつはとても大切

＊朝、近所《きんじょ》の人と道で会って……

伊藤《いとう》「**おはようございます**」
山田「**おはようございます**」
伊藤「今日は寒《さむ》いですね」
山田「そうですね。すっかり冬ですね」
伊藤「これからお仕事ですか」
山田「ええ」
伊藤「お気をつけて。**いってらっしゃい**」
山田「**いってきます**」

これは、よく見られる日本の朝の会話です。別《べつ》に重要《じゅうよう》なことを言っているわけではないのですが、このようなあいさつは日本人にとって、とても気持ちのいいものです。
どの国にもあいさつの言葉はありますが、日本人はあいさつをとても大切にし、季節《きせつ》や天候《てんこう》までも話題《わだい》にし、人に会ったときや別《わか》れるときなど、外国人から見たら驚《おどろ》くほど、丁寧《ていねい》にあいさつします。それは日常《にちじょう》の生活や人間関係を大切にして生きている日本人の感性《かんせい》の表《あらわ》れなのです。

たとえば、もしあなたが朝、会社で上司《じょうし》に会ったとき、「おはようございます」と言わずに黙《だま》っていたら、その上司《じょうし》は、あなたは体の具合《ぐあい》が悪《わる》いのか、それとも自分に何か不満《ふまん》をもっているのか、と考えるでしょう。逆《ぎゃく》に自分があいさつしたのに、相手《あいて》が返事《へんじ》をしてくれなかったら、とても気になります。それほど日常《にちじょう》生活の中であいさつは大切なものです。

あまり深《ふか》く考えているわけではないのですが、日本人はあいさつすることで、お互《たが》いに相手《あいて》の存在《そんざい》を認《みと》め合《あ》っているのです。

特《とく》に会社などでは、仲間同士《なかまどうし》で「いってらっしゃい」「おかえりなさい」と言うことで、みんなが「うち」（→p 14）の意識《いしき》を持つという意味もあるでしょう。

また、「いただきます」や「ごちそうさまでした」というような食事のときのあいさつは、米《こめ》を作ったり、魚《さかな》をとったりした人への感謝《かんしゃ》、直接的《ちょくせつてき》には、料理を作った人やお金を出した人たちへの感謝《かんしゃ》や、周《まわ》りへの合図《あいず》など、いろいろな意味が含《ふく》まれています。日本人はこのようなあいさつをすることを小さい頃《ころ》から「しつけられている」（→p 25）ため、毎回意味を考えて言っているわけではなく、習慣《しゅうかん》として自然《しぜん》に口から出てくるのです。

第三章
周囲《しゅうい》に配慮《はいりょ》する

遠慮《えんりょ》

関連《かんれん》キーワード　控《ひか》えめ　気をつかう

「遠慮《えんりょ》」はもともと、「相手《あいて》の都合《つごう》や迷惑《めいわく》をよく考える」ことを指《さ》しますが、「遠慮《えんりょ》する」と言った場合、多くは「よく考えた上で、何かをしない」ことを意味します。

例1　先輩《せんぱい》にすぐに連絡《れんらく》をとりたかったが、深夜《しんや》だったので、電話するのは**遠慮《えんりょ》した。**

例2　上司《じょうし》「今晩《こんばん》、A君《くん》と飲みに行くけど、君《きみ》も来ないか?」
部下《ぶか》「すみません。今日はちょっと、**遠慮《えんりょ》しておきます**」

例1の「遠慮《えんりょ》した」は、「深夜《しんや》であることを考えて電話しなかった」という意味です。例2の「遠慮《えんりょ》します」は、誘《さそ》いを断《ことわ》るときによく使われます。本来《ほんらい》、相手《あいて》のことをいろいろ考えて「○○しません」という意味ですが、実際《じっさい》には、自分は「○○したくありません」の婉曲《えんきょく》な表現《ひょうげん》として使われるのです。

📖 婉曲な

例3　Ａ「さあ、どうぞ**遠慮**《えんりょ》**なく**召《め》し上《あ》がってください」
　　　Ｂ「すみません。それでは、**遠慮**《えんりょ》**なく**いただきます」

「（どうぞ）遠慮《えんりょ》なく」は、人に何かすることを勧《すす》めたり、物をあげたりするときによく使われる表現《ひょうげん》ですが、相手《あいて》が何も言わないのに、「遠慮《えんりょ》なく」と言って勧《すす》めるのは、日本社会では「受《う》け取《と》る側《がわ》は、当然遠慮《とうぜんえんりょ》する気持ちを持っているはずだ」と考えられているからです。

例4　あの人はとても**遠慮深**《えんりょぶか》**くて**、好感《こうかん》が持てる。
例5　初対面《しょたいめん》でプライベートな質問《しつもん》ばかりするのは**無遠慮**《ぶえんりょ》過《す》ぎる。

「遠慮深《えんりょぶか》い人」というのは、控《ひか》えめ（↓p116）で、つつましい行動をする人、という意味の褒《ほ》め言葉です。反対《はんたい》は「遠慮《えんりょ》のない人」、または「無遠慮《ぶえんりょ》な人」で、もちろん悪《わる》い意味に使います。「無遠慮《ぶえんりょ》」に近い言葉に、「**ずうずうしい**」や「**あつかましい**」という言葉があります。

例6　人のものを勝手《かって》に食べるなんて**ずうずうしい**。**遠慮**《えんりょ》ってものを知らないの？

人が迷惑《めいわく》しているのに、平気《へいき》で何かをしたり、ものを頼《たの》んだりする態度《たいど》を「ずうずうしい」とか「あつかましい」と言います。

「遠慮深《えんりょぶか》い」という言葉が褒《ほ》め言葉に、「遠慮《えんりょ》がない」が悪《わる》い意味になるように、日本人は人と人とが交際《こうさい》する上で、「遠慮《えんりょ》」をとても大事なことだと考えています。

ですから、それほど親《した》しくない人から何かおみやげをもらうような場合も、とりあえず遠慮《えんりょ》して断《ことわ》り、さらに勧《すす》められてから、「それでは遠慮《えんりょ》なく」と受《う》け取《と》るのがふつうです。

また、日本人はよく「**親《した》しき仲《なか》にも礼儀《れいぎ》あり**」と言います。これは、どんなに親《した》しい友人でも、相手《あいて》の立場や都合《つごう》を考えることはとても大切だということです。

例7　ここでタバコを吸《す》うのはご遠慮《えんりょ》ください。

例7のような表示《ひょうじ》は、町でよく見かけます。この「ご遠慮《えんりょ》ください」という表現《ひょうげん》は、「〇〇しないでください」の意味で使われています。もともと「遠慮《えんりょ》する」というのは、「状況《じょうきょう》や人の気持ちを考えて、自分で判断《はんだん》する」ということなので、人に「遠慮《えんりょ》してください」と頼《たの》むのは間違《まちが》いのように聞こえます。しかし、「〇〇しないでください」という言い方には、はっきりと禁止《きんし》

📖 交際する　判断する

の意味があるのに対して、「ご遠慮《えんりょ》ください」は、相手《あいて》に判断《はんだん》を求《もと》めているニュアンスがあるため、一方的《いっぽうてき》な禁止《きんし》よりもやわらかく聞こえます。そのため、大勢《おおぜい》の人に何かを伝《つた》えるときや、店がお客《きゃく》さんに何かを注意するときなどには、「ご遠慮《えんりょ》ください」を使うことが好《この》まれるのです。

「遠慮《えんりょ》」は、相手《あいて》に気をつかう（→p70）日本人の感性《かんせい》がよく表《あらわ》れた言葉と言えるでしょう。

📖ニュアンス　一方的な

もっと深く！

「遠慮《えんりょ》」という言葉は、もともと「遠い将来《しょうらい》まで見通《みとお》す」という意味の中国語であった。孔子《こうし》の言葉をまとめた本である『論語《ろんご》』にも、「遠《とお》き慮《おもんぱかり》なければ必《かなら》ず近《ちか》き憂《うれ》えあり（＝遠い将来《しょうらい》のことも考えないと、必《かなら》ず近いうちに心配事《しんぱいごと》が起きる）」という文章《ぶんしょう》がある。

その言葉が日本語に取《と》り入《い》れられ、現代《げんだい》ではむしろ「配慮《はいりょ》」に近く、「周囲《しゅうい》の人や相手《あいて》がどう思うかについて、よく考えること、そしてその場にふさわしくない行動をしないこと」という意味が強くなった。日本人は、「目の前の相手《あいて》との人間関係について配慮《はいりょ》する」気持ちが強いからであろう。日本人のこのような「遠慮《えんりょ》する」態度《たいど》は、ほかの文化圏《ぶんかけん》の人からは「消極的《しょうきょくてき》」だと否定的《ひていてき》な評価《ひょうか》を受けるかもしれないが、反対《はんたい》にほかから見て「積極的《せっきょくてき》」でいいと思われる行動も、日本人から見れば「無遠慮《ぶえんりょ》だ」と悪《わる》い評価《ひょうか》を受ける可能性《かのうせい》がある。

「遠慮《えんりょ》」は「相手《あいて》のことを考えて」という意味があるために、人間関係の摩擦《まさつ》を少なくしようとする日本人の生活の中では、非常《ひじょう》に重要《じゅうよう》な「潤滑油《じゅんかつゆ》」の役割《やくわり》を担《にな》っている。

見通す　配慮（する）　ふさわしい　文化圏　摩擦
潤滑油　役割を担う

単語《たんご》ノート

婉曲《えんきょく》な	indirect	委婉的	완곡한
交際《こうさい》する	associate with	交际	교제하다
判断《はんだん》する	judge	判断	판단하다
ニュアンス	nuance	语感	뉘앙스
一方的《いっぽうてき》な	one-way	单方面的	일방적인
見通《みとお》す	look beyond	预测	내다보다 , 조망하다
配慮《はいりょ》（する）	make considerations for	关怀 考虑	배려 (하다)
ふさわしい	appropriate	合适的	적합하다 , 걸맞다
文化圏《ぶんかけん》	cultural sphere	文化圈	문화권
摩擦《まさつ》	friction	摩擦	마찰
潤滑油《じゅんかつゆ》	lubricant	润滑油	윤활유
役割《やくわり》を担《にな》う	take on a role	承担职责	역할을 떠맡다 (담당하다)

気をつかう

関連《かんれん》キーワード　人目《ひとめ》　内《うち》と外《そと》

「**気をつかう**」というのは、相手《あいて》が嫌《いや》な思いをしていないかどうか、いろいろと考え、注意をはらうことです。

日本人は、相手《あいて》や周《まわ》りの人が自分のことをどう思っているかということを、とても気にしながら行動しています（「人目《ひとめ》」→p44）。

たとえば、人から何かをもらったときや、お礼《れい》を言うときに「すみません」をよく使います。

例1　A「これ、旅行のおみやげです。どうぞ」

　　B「すみません、**気をつかって**いただいて……」

例1の「すみません」には、自分が相手《あいて》に「気をつかわせた」ことに対して、悪《わる》いなあという気持ちと、相手《あいて》が自分に「気をつかってくれた」ことに対するお礼《れい》の気持ちが含《ふく》まれています。

日本人は、どこかに旅行に行ったときは、必《かなら》ずと言っていいほど職場《しょくば》の人や友だちにおみやげを買ってきます。これも、自分だけ遊びに行ったことについて、ほかの人に気をつかっているわけです。そして、おみやげをもらったほうは、「すみません。お気づかいいただいて……」と言いながらもらい、次《つぎ》に自分が旅行に行ったときは、「この前おみやげをもらったから……」と言って、また相手《あいて》に自分のおみやげを渡《わた》す……、このくり返《かえ》しです。

つまり、日本人の「おみやげ文化」は、おみやげを渡《わた》すほうも、もらうほうも、相手《あいて》に対して気をつかうことで、成《な》り立《た》っているのです。

このように日本人は、普段《ふだん》から身《み》の回《まわ》りの人に気をつかって生活しているのですが、自分より目上《めうえ》の人や「外」の人（「内と外」↓p14）に対しては、さらに気をつかうことになります。

例2　会議《かいぎ》の席《せき》で社長が間違《まちが》ったことを言ったが、みんな**気をつかって**気がつかないふりをした。

例3　お客《きゃく》さんに**気をつかいながら**食べる豪華《ごうか》な接待《せったい》の料理よりも、家族と気楽《きらく》に食べる食事のほうがおいしい。

人に気をつかい過《す》ぎて疲《つか》れることを「**気疲《きづか》れ**」と言います。周《まわ》りの人への気づかいは、人間関係を円滑《えんかつ》にするために必要《ひつよう》ですが、そのために気疲《きづか》れしてしまう日本人も多いのです。

📖 目上　ふりをする　豪華な　接待　気楽に　円滑にする

もっと深く！

「気をつかう」や「気をつける」などの「気」は、もともと古い中国語である。「元気」とか「気分」などの熟語《じゅくご》もそうだが、中国でも古くからさまざまな意味を持って使われていた。それが、日本語に取《と》り入《い》れられて、さらに多くの微妙《びみょう》な意味合《いみあ》いを持つ言葉が作られてきた。「気」という漢字一字を使った言葉だけでも、無数《むすう》にある。

「**気をつける**」（＝注意力《ちゅういりょく》を働《はたら》かせる）
「**気をもむ**」（＝あれこれひどく心配《しんぱい》する）
「**気を配《くば》る**」（＝さまざまなところに配慮《はいりょ》を加《くわ》える）
「**気を回《まわ》す**」（＝必要《ひつよう》以上に考え、想像《そうぞう》する）
「**気疲《きづか》れする**」（＝気をつかい過《す》ぎて疲《つか》れる）
「**気に病《や》む**」（＝心にとめてあれこれ悩《なや》む）
「**気が置《お》けない**」（＝気をつかう必要《ひつよう》がない）

「気」は、精神《せいしん》のさまざまな働《はたら》きを指《さ》し、使い方によっていろいろな意味が出てくるが、右の例はすべて「周囲《しゅうい》や相手《あいて》の人に配慮《はいりょ》する、相手《あいて》の立場《たちば》や感情《かんじょう》を考える」という意味である。

微妙な　無数に　配慮（する）　精神

単語《たんご》ノート

目上《めうえ》（の人）	higher ranked, superiors	长辈	손 위 (사람)
ふりをする	pretend	假装	인 척하다 , 인 체하다
豪華《ごうか》な	luxurious	豪华的	호화스러운
接待《せったい》	business entertainment	接待	접대
気楽《きらく》に	be at ease	轻松地	속 편하게
円滑《えんかつ》にする	make smooth, facilitate	顺利地进行	원활하게 하다
微妙《びみょう》な	subtle	微妙的	미묘한
無数《むすう》に	infinitely	无数地	무수하게
配慮《はいりょ》（する）	make considerations for	关怀 考虑	배려 (하다)
精神《せいしん》	spirit	精神	정신

人並《ひとな》み

関連《かんれん》キーワード
恥《はじ》

どこの国の人であっても「恥《はじ》をかく」のは嫌《いや》でしょうが、日本人は特に「恥《はじ》をかく」ことを嫌《きら》います（「恥《はじ》」→p49）。会議《かいぎ》の場などで、日本人がなかなか発言《はつげん》しようとしないのは、ほかの人の意見がよくわからないうちに自分の意見を言って、みんなの意見と大きく違《ちが》っていたら恥《は》ずかしい、と考えるからです。そのため、自分の発言《はつげん》や行動について慎重《しんちょう》になりがちで、人より目立《めだ》つような行動を避《さ》ける傾向《けいこう》があります。

日本人が好《この》んで使う表現《ひょうげん》に「**人並《ひとな》み**」があります。これは、文字通《もじどお》り「人と同じぐらい」という意味です。「人並《ひとな》みの生活」「人並《ひとな》みの暮《く》らし」「人並《ひとな》みの給料《きゅうりょう》」「人並《ひとな》みの能力《のうりょく》」というように使います。

例1　お金持ちにならなくても、**人並《ひとな》み**の生活ができれば十分です。

例2　**人並《ひとな》み**の給料《きゅうりょう》さえもらえれば、出世《しゅっせ》しなくてもいい。

慎重な　文字通り　出世する

子どもに「将来何《しょうらい》になりたい？」と聞くと、「スポーツ選手《せんしゅ》になりたい」とか「会社の社長になりたい」といった答えがよく返《かえ》ってきますが、大人になると、「人並《ひとな》みに暮《く》らせればそれでいい」というような答えが多くなります。

また、実際《じっさい》にはかなり上手にできることでも、みんなの前で能力《のうりょく》を聞かれたときには、「人並《ひとな》みです」と答えることがよくあります。

例3　A「英語、お上手なんでしょう？」

B「いやいや、まあ、**人並《ひとな》み**ですよ」

例3のように答えるのは、謙遜《けんそん》しているという理由《りゆう》もありますが、たとえいいことであっても、なるべく人より目立《めだ》たないようにしよう、という意識《いしき》が働《はたら》くためです。

会議《かいぎ》などで「あなたの意見は？」と聞かれると、「みなさんと同じです」などという発言《はつげん》が多いのも、こうした「人並《ひとな》み」を好《この》む意識《いしき》からだと言えるでしょう。周囲《しゅうい》の人よりもお金持ちになったり、地位《ちい》が高くなったりすると目立《めだ》ってしまい、人から妬《ねた》まれたり、恨《うら》まれたりする可能《かのう》性《せい》が大きくなります。かといって、ほかの人より低いのも嫌《いや》なので、一番望《のぞ》ましいのは、「人並《ひとな》

📖 謙遜する　地位　妬む　恨む

み」ということになるのです。

ただ、最近は国際化《こくさいか》の流《なが》れや、インターネットの普及《ふきゅう》で自分の意見を述《の》べる場がどんどん増《ふ》えていることもあり、こうした考え方も、少しずつ変わってきているようです。

普及

もっと深く！

日本人は一般《いっぱん》に、自分があまり目立《めだ》たないように注意しながら生活している。

「出《で》る杭《くい》は打《う》たれる」（＝ほかより目立《めだ》って高く出た杭《くい》は、打《う》たれてほかの杭《くい》と同じ高さにされる）

「高木《こうぼく》は風《かぜ》に折《お》らる」（＝高い木は風が強く当たるので折《お》れてしまう）

これらのことわざからもわかるように、出過《です》ぎたり、目立《めだ》ち過ぎたりすると、他人《たにん》から反感《はんかん》を持たれると思うからである。他人《たにん》と同じであることに安心感《あんしんかん》を持つのである。

「人並《ひとな》みが一番」という発想《はっそう》は、周囲《しゅうい》の人たちに配慮《はいりょ》しながら他人《たにん》とのバランスの中で生きている日本人の、生活の知恵《ちえ》とも言える。

杭　反感を持つ　配慮する　生活の知恵

単語《たんご》ノート

慎重《しんちょう》な	cautious	慎重的	신중한
文字通《もじどお》り	literally	字面意义	문자 그대로
出世《しゅっせ》する	advance	成功 升级	출세하다
謙遜《けんそん》する	humble oneself	谦逊	겸손하다
地位《ちい》	social status	地位	지위
妬《ねた》む	grudge	嫉妒	질투하다
恨《うら》む	resent	恨	원망하다
普及《ふきゅう》	spread	普及	보급
杭《くい》	stake	桩子	말뚝 , 정
反感《はんかん》を持つ	feel antipathy toward …	怀有反感	반감을 갖다
配慮《はいりょ》する	make considerations for	关怀 考虑	배려하다
生活《せいかつ》の知恵《ちえ》	wisdom of living	生活的智慧	생활의 지혜

空気を読む

関連《かんれん》キーワード
人並《ひとな》み　ほのめかす

二〇〇七年頃《ごろ》に流行《りゅうこう》した「KY（ケーワイ）」という言葉があります。「K」は「空気（Kuuki）」、「Y」は「読めない（Yomenai）」の頭文字《かしらもじ》をとった略語《りゃくご》で、「KYな人」とは、「空気が読めない人」のことを指《さ》します。この場合の「**空気**」とは、「その場の雰囲気《ふんいき》や周《まわ》りの人の気持ち」、「**読む**」は「考える・推測《すいそく》する」という意味です。つまり、「**空気を読む**」とは、周《まわ》りの人の気持ちを考えて、その場に合った行動をすることです。

若者《わかもの》や子どもの間で、「あの人、KYだよね（＝空気が読めないよね）」という言い方が悪口《わるくち》としてよく使われることからも、日本社会では子どものときから、周囲《しゅうい》の人々に配慮《はいりょ》しながら行動することが期待《きたい》されている、ということがわかります。

例1　この忙《いそが》しい時期《じき》に自分だけ休みたいなんて、ちょっとは**空気を読めよ**。

略語　推測する　配慮する

例2 A「失恋《しつれん》した田中さんの前で、鈴木さんが恋人《こいびと》の自慢話《じまんばなし》ばかりするから、困《こま》っちゃった」

B「鈴木さんって、ほんと**空気読めないね**」

日本人は、大勢《おおぜい》の前では、自分の意見をはっきりと言わないことが多いため、外国人からすると、「何を考えているかわからない」と感《かん》じるかもしれません。しかし、空気を読むことが習慣《しゅうかん》になっている日本人の間では、言葉で言わなくてもお互《たが》いの気持ちをわかり合っていることがよくあります。これを「**暗黙《あんもく》の了解《りょうかい》**（＝黙《だま》っていても、みんながわかっていること）」といいます。

ほかに、「**以心伝心《いしんでんしん》**（＝言葉で言わなくても、相手《あいて》と気持ちが通《つう》じていること）」や「**言《い》わぬが花《はな》**（＝大事なことは、全部言葉で言ってしまわないほうがいい）」なども好《この》まれる表現《ひょうげん》ですが、このように日本人は、「言葉ではっきりと言わなくてもわかる」ことをとても大事に思っています。

「**口は災《わざわ》いのもと**（＝うっかり言ってしまったことが原因《げんいん》で、何か悪《わる》いことが起きる場合があるので、気をつけるべきだ）」ということわざもあります。

周《まわ》りの人とあまり親《した》しくない場合や、その場の空気がよくわからないときは、静《しず》かにして自分の意見を言わないか、人と同じようにするのがふつうなのです（「人並《ひとな》み」→p74）。

📖 自慢話　黙る　うっかり

もっと深く!

「空気を読む」という場合の「読む」は、何かを材料《ざいりょう》にして、はっきりしないことを推測《すいそく》する、という意味である。たとえば、「来年の世界の経済動向《けいざいどうこう》を読む」などと使う。

日本人は一般《いっぱん》に、言葉ではっきりと言うことを避《さ》け、態度《たいど》や表情《ひょうじょう》などでさりげなく相手《あいて》に伝《つた》えるのを好《この》む傾向《けいこう》がある（「ほのめかす」→p121）。逆《ぎゃく》にはっきりと言わなくても、相手《あいて》が自分の意図《いと》や気持ちをわかってくれることを非常《ひじょう》に喜《よろこ》ぶ。それは相手《あいて》が自分のことをよく理解《りかい》してくれている、と思うからである。そのためには、相手《あいて》の意図《いと》や気持ちを推測《すいそく》できる観察眼《かんさつがん》を持っていることが必要《ひつよう》である。

「空気を読む」に似《に》た言葉に、「**相手《あいて》の腹《はら》を読む**」という言い方がある。

この場合の「腹《はら》」とは、表面《ひょうめん》には見えない意図《いと》、考えを指《さ》していて、それを推測《すいそく》するという意味である。「**相手《あいて》の腹《はら》**（＝考え）がわからない」とか「**腹《はら》を決《き》める**（＝意思《いし》を決定《けってい》する）」とか「**腹《はら》の探《さぐ》り合《あ》い**（＝お互《たが》いがいろいろと相手《あいて》の意図《いと》を推測《すいそく》しあう）」、「**腹《はら》にもないことを言う**（＝全然《ぜんぜん》思っていないことを言う）」などと日常《にちじょう》生活の中でよく使われている。「そのことは腹《はら》にしまっておけ」というのは、ある考えや意図《いと》を言葉に出さないで、自分の心の中にしまっておく、ということである。

これらは、はっきりと主張《しゅちょう》することを好《この》まない日本人の感性《かんせい》がよく表《あらわ》れた表現《ひょうげん》であると言えよ

意図　観察眼

う。

「**目は口ほどにものを言う**（＝目を見ていれば口で言ったのと同じように相手《あいて》の思っていることがわかる）」

と言われるが、これは、相手《あいて》の目を見て判断《はんだん》できる観察力《かんさつりょく》がなければできないことである。

日本において、「空気が読める」ことは、社会人として必要《ひつよう》なことなのである。

単語《たんご》ノート

略語《りゃくご》	abbreviation, acronym	略语	약어
推測《すいそく》する	guess	推测	추측하다 , 헤아리다
配慮《はいりょ》する	make considerations for	关怀 考虑	배려하다
自慢話《じまんばなし》	boastful account	夸耀自己的话	자랑
黙《だま》る	be silent	沉默	침묵하다 , 말을 하지 않는다
うっかり（~する）	accidentally	马虎 不注意	무심코 (~ 하다)
意図《いと》	intention	意图	의도
観察眼《かんさつがん》	discerning eye	观察眼	관찰안 (사물을 관찰하는 능력)
判断《はんだん》する	judge	判断	판단하다

「なるほど」――相《あい》づちを打《う》つ

＊会社の同僚《どうりょう》と……

佐藤《さとう》「鈴木《すずき》さん、出張《しゅっちょう》だったそうですね」

鈴木「うん、今度《こんど》の新商品《しんしょうひん》の売《う》り込《こ》みで、中国へ行ってたんだ」

佐藤「**へえ、そうですか**。で、どうですか、反応《はんのう》は……」

鈴木「そうだね。なかなかいいよ。いま中国は景気《けいき》がいいからね」

佐藤「**そうなんですか**。じゃ、ずいぶん売れそうですね」

鈴木「うん。それになんといっても、人口《じんこう》が多いからマーケットも大きい」

佐藤「**なるほど……**」

鈴木「1％の人が買ってくれても、一千万個《こ》は売れる計算《けいさん》になる」

佐藤「**たしかに……**」

どこの国でも、人と人との会話は大切ですが、日本人は一般《いっぱん》に、会話はできるだけ相手《あいて》に合わせるように気を配《くば》ります。ですから、話す人が気持ちよく話せるように、聞いている人は、「ちゃんと聞いていますよ」ということを言葉や表情《ひょうじょう》、態度《たいど》などで表《あらわ》します。日本人がよく、話を聞きながら、「うん、うん」とうなずいたり、「へえ」とか「なるほど」などと言うのは、そういう意味があるのです。

これを、**「相《あい》づちを打《う》つ」**と言います。

「相《あい》づちを打《う》つ」という言葉は、昔《むかし》、鉄《てつ》を鍛《きた》えるときに、二人ペアで、相手《あいて》に調子《ちょうし》を合わせてトンテン、カンテンと槌《つち》で熱《あつ》い鉄《てつ》を打《う》ったことから、生まれた言葉です。鉄《てつ》を打《う》つのと同じように、会話が調子《ちょうし》よく進むよう、相手《あいて》に合わせて何かを言うことを表《あらわ》しています。

人によっては、日本人がたびたび相《あい》づちを打《う》つのをうるさいと思ったり、話のじゃまだと感《かん》じたりするかもしれません。けれども、「相《あい》づちを打《う》つ」ことは、相手《あいて》に「あなたの話にとても興味《きょうみ》がありますよ」ということを伝《つた》え、「一緒《いっしょ》に会話をうまく進《すす》めましょう」という気持ちを表《あらわ》しているのです。

相づちを打つ

第四章

人間関係を大切にする

つきあい

関連《かんれん》キーワード　**義理《ぎり》**

「**つきあい**」とは、動詞の「つきあう」からできた言葉です。

「つきあう」は、もともと「交際《こうさい》する」という意味ですが、人との交際《こうさい》を大切にするということから、「(自分の都合《つごう》よりも相手《あいて》の都合《つごう》に合《あ》わせて)その人と一緒《いっしょ》に何かをする」という意味も持つようになりました。

例1　山田君《くん》は十年近く**つきあった**彼女《かのじょ》と、最近《さいきん》別《わか》れたそうだ。

例2　疲《つか》れていたので早く帰りたかったが、先輩《せんぱい》に**つきあって**飲みに行った。

例1は「交際《こうさい》する」という意味ですが、例2は、先輩《せんぱい》との人間関係や「義理《ぎり》」(↓p176)を重視《じゅうし》して飲みに行った、という意味です。

このように、人間関係を重視《じゅうし》して人とつきあうことを「**(お)つきあい**」と言います。

交際する

例3　父は取引先《とりひきさき》とのおつきあいで、毎週末《まいしゅうまつ》ゴルフに行っている。
例4　あいつはつきあいが悪《わる》いから、もう誘《さそ》うのはやめよう。

日本人は、友人や仕事関係の人から集まりや食事などに誘《さそ》われた場合、「自分が本当に行きたいかどうか」よりも、つきあいを重視《じゅうし》して参加《さんか》するかどうかを決《き》めることがよくあります。「前回断《ことわ》ったから、今回は行かなきゃ」とか、「本当は都合《つごう》が悪《わる》いけど、先輩《せんぱい》が出るなら私も出ておこう」などと考えます。

どうしても都合《つごう》がつかないときは、「顔だけ出します」という返事《へんじ》もよくします。「顔を出す」というのは、長くいないで、顔を見せたらすぐに帰る、という意味です。「すぐに帰るぐらいなら、参加《さんか》しなくてもいいのでは？」と思うかもしれませんが、相手《あいて》も出席《しゅっせき》したかしなかったかに注意しているので、顔を出すのと出さないのとでは、相手《あいて》への印象《いんしょう》が全然違《ぜんぜんちが》うのです。

何度も誘《さそ》いを断《ことわ》ると、「つきあいが悪《わる》い」人だと思われてしまいます。人間関係を重視《じゅうし》する日本社会において、人から「つきあいが悪《わる》い」と思われることは、いろいろと不利《ふり》になることが多いので、誘《さそ》いを断《ことわ》る場合でも、「つきあいが悪《わる》い」と思われないように気をつけるのです。

会社員が仕事帰《しごとがえ》りに上司《じょうし》や同僚《どうりょう》とお酒《さけ》を飲みに行くことは「**飲《の》みニケーション**」と呼《よ》ばれる

📖 取引先　印象　不利

ことがあります。「飲む＋コミュニケーション」からできた言葉で、職場《しょくば》を離《はな》れ、リラックスした場で人間関係を円滑《えんかつ》にすることを目的《もくてき》としてお酒《さけ》を一緒《いっしょ》に飲むことを指《さ》します。一時期《いちじき》は死語《しご》になりつつあったこの言葉も、近年《きんねん》、社内《しゃない》のコミュニケーション不足《ぶそく》や職場《しょくば》でのストレスが問題《もんだい》視《し》されるようになり、再《ふたた》び注目《ちゅうもく》を集めるようになってきました。

📖円滑にする　死語　ストレス

単語《たんご》ノート

交際《こうさい》（する）	associate with	交际	교제 (하다)
取引先《とりひきさき》	business partner	合作伙伴	거래처
印象《いんしょう》	impression	印象	인상
不利《ふり》	disadvantage	不利	불리
円滑《えんかつ》にする	make smooth, facilitate	顺利地进行	원활하게 하다
死語《しご》	old fashioned word	不再使用的词语	사어 , 현재 사용하지 않는 말
ストレス	(physical and mental) stress	精神压力	스트레스

愛想《あいそ》

関連《かんれん》キーワード　つきあい　気をつかう

「愛想（あいそ・あいそう）」とは、相手《あいて》からよく思われるような態度《たいど》のことで、具体的《ぐたいてき》にはあいさつや言葉づかい、表情《ひょうじょう》などを言います。サービス業《ぎょう》の人などには特《とく》に必要《ひつよう》なことですが、日本人の日常《にちじょう》の生活の中でもよく見られます。

例1　この店の店員《てんいん》は、みんなニコニコしていて**愛想《あいそ》がいい**。

例2　**鈴木先輩《すずきせんぱい》はいつも無愛想《ぶあいそう》**だから、声をかけづらい。

「愛想《あいそ》がいい（人）」とは、表情《ひょうじょう》や態度《たいど》などが明るく、親《した》しみやすい人のことです。反対《はんたい》に、あいさつしたり話しかけたりしても、返事《へんじ》がなかったり、無表情《むひょうじょう》だったりするような人は、「愛想《あいそ》が悪《わる》い」「愛想《あいそ》がない」または「無愛想《ぶあいそう》だ」と言います。

ただし、「愛想《あいそ》がいい」という言葉は、皮肉《ひにく》として使われることもあります。

表情　サービス業　皮肉

例3　彼女《かのじょ》は**愛想《あいそ》がいい**ばかりで、肝心《かんじん》なときには助《たす》けてくれない。

「**愛想《あいそ》**」は悪《わる》いよりもいいほうがいいに決《き》まっていますが、それが本心《ほんしん》からでなく、表面的《ひょうめんてき》なものだと逆《ぎゃく》に悪《わる》い意味になります。たとえば「**愛想笑《あいそわら》い**」という言葉がありますが、これは「本当に楽しいとか、おもしろいとか思っているわけではないが、相手《あいて》といい関係を保《たも》つために無理《むり》に笑《わら》う」ことです。

例4　課長《かちょう》は部長《ぶちょう》の機嫌《きげん》をうかがって、いつも**愛想笑《あいそわら》い**をしている。

愛想《あいそ》にはほかにいろいろな使い方があります。

例5　何度も借金《しゃっきん》を頼《たの》まれて、彼《かれ》には**愛想《あいそ》がつき**た。

「**愛想《あいそ》がつきる**／**愛想《あいそ》をつかす**」とは、それまでは、相手《あいて》に対して好意《こうい》を持っていたのに、何かが原因《げんいん》でその人に「愛想《あいそ》を見せる気持ちがなくなった」ということ、つまり、親《した》しみや好意《こうい》を持

📖 肝心な　本心　機嫌をうかがう

てなくなった、という意味です。

「愛想《あいそ》」と似《に》ている言葉に「**愛嬌**《あいきょう》」があります。「愛嬌《あいきょう》」は子どもや女性などが見せるかわいいしぐさや表情《ひょうじょう》をいいます。「この子は愛嬌《あいきょう》がない」とか、「彼女《かのじょ》は美人《びじん》ではないが愛嬌《あいきょう》のある顔をしている」などと使われます。

周《まわ》りとの人間関係を重《おも》んじる日本社会では、愛想《あいそ》よく人と接《せっ》することは大切ですが、「愛想笑《あいそわら》い」だけにならないように注意が必要《ひつよう》でしょう。

📖 しぐさ

もっと深く!

不思議《ふしぎ》な日本語がある。寿司屋《すしや》などで、勘定《かんじょう》することを「お愛想《あいそ》」という。

客《きゃく》からお金を取《と》るのに「愛想《あいそ》」というのは変《へん》だと思うが、客《きゃく》にお金を出させて申《もう》し訳《わけ》ない、と気をつかって言ったのが始まりだとか、勘定《かんじょう》は店が最後にする「サービス」だから「お愛想《あいそ》」と言ったとか、理由《りゆう》はよくわかっていない。

いずれにしても「愛想《あいそ》」は、その意味からいって、客《きゃく》をもてなすために、店の人がやるべきことである。

ところが、勘定《かんじょう》のとき、客《きゃく》から店の人に、

「お愛想《あいそ》をお願《ねが》いします」

と言うのをよく聞く。

「愛想《あいそ》」は、本来《ほんらい》、店のほうがやるべきことなのだから、客《きゃく》から「お愛想《あいそ》」と言うのは、少し変《へん》な使い方というべきだろう。

📖 勘定（する）　もてなす

単語《たんご》ノート

表《ひょう》 情《じょう》	facial expression	表情	표정
サービス業《ぎょう》	service industry	服务业	서비스업
皮《ひ》肉《にく》	sarcasm	讽刺	야유 , 비꼬는 말
肝心《かんじん》な	critical	关键的	중요한
本心《ほんしん》	genuine feeling	心里话	본심
機《き》嫌《げん》をうかがう	read one's mood	看脸色	심기를 살피다 , 눈치를 보다
しぐさ	gesture	动作 行为	모습 , 표정
勘定《かんじょう》（する）	pay	结帐	계산 (하다)
もてなす	welcome	招待	대접하다

礼儀《れいぎ》

関連《かんれん》キーワード　**義理《ぎり》**　しつけ

日本の社会において、人間関係の面《めん》から見て非常《ひじょう》に大切な考え方に、「義理《ぎり》」（↓p176）や「遠《えん》慮《りょ》」（↓p64）と並《なら》んで、「**礼儀《れいぎ》**」があります。

「礼儀《れいぎ》」とは、基本的《きほんてき》には、相手《あいて》に敬意《けいい》を表《あらわ》すことです。日本では、年齢《ねんれい》や立場《たちば》の上下、相手《あいて》との親《した》しさや内《うち》と外《そと》の関係などによって礼儀《れいぎ》作法《さほう》が大きく異《こと》なります。日本人が礼儀《れいぎ》に厳《きび》しいのは、日本人のまじめな性格《せいかく》や、武士《ぶし》の社会が長く続いたことが理由《りゆう》だと思われます。

日常《にちじょう》のあいさつや言葉づかい、お辞儀《じぎ》をする動作《どうさ》なども礼儀《れいぎ》作法《さほう》に含《ふく》まれますが、必要《ひつよう》なときにそれをしないと、「**礼儀《れいぎ》知《し》らず**（＝礼儀《れいぎ》を知らない人、失礼《しつれい》な人）」だと思われてしまうでしょう。

例1　隣《となり》の家のご主人《しゅじん》はしつけが厳《きび》しいので、子どもたちはみな**礼儀《れいぎ》正《ただ》しい**（「しつけ」↓p25）。

例2　新人《しんじん》なのに先輩《せんぱい》にあいさつもしないで帰るなんて、なんて**礼儀《れいぎ》知《し》らず**なやつだ。

敬意を表す　お辞儀をする

日本人は、日常生活《にちじょう》の中で礼儀《れいぎ》を非常《ひじょう》に大切にしていて、失礼《しつれい》な言動《げんどう》に対してかなり敏感《びんかん》です。特《とく》に、あいさつに関《かん》しては、家庭《かてい》や学校で厳《きび》しくしつけられます。

たとえば、人の部屋に入るときや出るとき、職場《しょくば》でほかの人より先に帰るときなどには、「失《しつ》礼《れい》します」とあいさつするのがふつうです。一般的《いっぱんてき》なあいさつ表現《ひょうげん》にすぎないと思うかもしれませんが、何も言わないで他人《たにん》の部屋に入ったり、人より先にその場から離《はな》れることは失礼《しつれい》だという意識《いしき》が日本人の心の底《そこ》にあります。大切なのは、そのような意識《いしき》そのものよりも、一言《ひとこと》「失礼《しつれい》します」というあいさつが言えるかどうかということです。たとえどんなに親《した》しくしている人でも、部屋に入るときや、先に帰るときなどにあいさつがないと、非常《ひじょう》に失礼《しつれい》な印象《いんしょう》を与《あた》えることになるでしょう。

日本では、会社の新入社員《しんにゅうしゃいん》の研修《けんしゅう》や、アルバイトの教育《きょういく》でも、まず初《はじ》めにあいさつの仕方《しかた》を厳《きび》しくトレーニングします。それほど、日本社会においてあいさつは重視《じゅうし》されているのです。

礼儀《れいぎ》には、敬語《けいご》やしぐさや態度《たいど》、マナーなど、いろいろな要素《ようそ》がありますが、もっとも基本的《きほんてき》でもっとも重要《じゅうよう》なのはあいさつだと言えるでしょう（「あいさつはとても大切」→p61）。

言動　敏感な　印象　しぐさ　要素

もっと深く！

剣道《けんどう》や柔道《じゅうどう》などのような伝統的《でんとうてき》なスポーツの世界では、「**礼《れい》に始《はじ》まり、礼《れい》に終《お》わる**」とよく言われるが、一般《いっぱん》社会においても「礼儀《れいぎ》」を尊重《そんちょう》する考え方はかなり強い。

一方《いっぽう》、「**無礼講《ぶれいこう》**」という言葉がある。「無礼《ぶれい》」とは「失礼《しつれい》」の少し硬《かた》い言い方で、「今日の宴会《えんかい》は無礼講《ぶれいこう》だ。遠慮《えんりょ》なく飲んでくれ」のように使う。目上《めうえ》・目下《めした》とか年齢《ねんれい》の上下とか、堅苦《かたくる》しい礼儀作法《れいぎさほう》は抜《ぬ》きにして飲んでほしい、ということだ。しかし、これは目上《めうえ》の人からの言い方で、本当に無礼《ぶれい》な態度《たいど》をとってもいい、ということではなく、「気楽《きらく》に」という程度《ていど》の意味である。

また、「**慇懃無礼《いんぎんぶれい》**」という言葉もある。「慇懃《いんぎん》」は丁寧《ていねい》で、礼儀正《れいぎただ》しい態度《たいど》のことだが、「表面上《ひょうめんじょう》は丁寧《ていねい》に接《せっ》しても、内面《ないめん》では相手《あいて》を見下《みくだ》している」とか、「うわべだけ過剰《かじょう》に丁寧《ていねい》にして心が伴《ともな》っていない様子《ようす》」を指《さ》す。このように、形だけの礼儀《れいぎ》を重《おも》んじても、心が伴《ともな》っていないと、それは結局《けっきょく》「失礼《しつれい》」になるのである。

日本人は少し前までは、タタミの上で生活するのが普通《ふつう》だった。タタミは稲《いな》わらで作った厚《あつ》いカーペットのようなものだが、そのタタミに座る場合、「**かしこまる**」のが礼儀正《れいぎただ》しいとされてきた。それは「正座《せいざ》する」ともいうように正式《せいしき》な座り方で、両膝《りょうひざ》を折《お》って座る。

尊重する　宴会　目上　目下　堅苦しい　気楽に
内面　見下す　うわべ　過剰に

葬式《そうしき》や結婚式《けっこんしき》のとき、あるいは他人《たにん》の家に行ったときなど、つまりフォーマルなとき、かしこまるのだが、長くかしこまっていると疲《つか》れたり、足がしびれたりする。しかし礼儀《れいぎ》正《ただ》しい座り方なので、相手《あいて》から「どうぞ膝《ひざ》を崩《くず》してください」「お楽《らく》になさってください」と言われない限《かぎ》り、ずっと正座《せいざ》をしていなければならなかった。現在《げんざい》はイスに座るので楽《らく》になったが……。

「かしこまる」という言葉は、古《ふる》くは「かしこむ」で、もともとは相手《あいて》を「畏《おそ》れ敬《うやま》う」ことを意味した。だから、正座《せいざ》して相手《あいて》に対するのは「かしこまる」だし、相手《あいて》の依頼《いらい》や命令《めいれい》をしっかりと受けとめたときにも「**かしこまりました**」と言うのである。

単語《たんご》ノート

敬意《けいい》を表《あらわ》す	show respect	表示敬意	경의를 표하다
お辞儀《じぎ》をする	bow	鞠躬行礼	머리 숙여 절하다
言動《げんどう》	language and behavior	言行	언동
敏感《びんかん》な	sensitive	敏感的	민감한
印象《いんしょう》	impression	印象	인상
しぐさ	gesture	动作 行为	모습 , 표정
要素《ようそ》	factor	要素	요소
尊重《そんちょう》する	respect	尊重	존중하다
宴会《えんかい》	party	宴会	연회
目上《めうえ》（の人）	higher ranked, superiors	长辈	손 위 (사람)
目下《めした》（の人）	lower ranked, inferiors	晚辈	손 아래 (사람)
堅苦しい	formal	古板 拘泥形式	(격식에 치우쳐) 딱딱하다 , 거북하다
気楽《きらく》に	be at ease	轻松地	속 편하게
内面《ないめん》	on the inside	内面	내면 , 마음 속
見下《みくだ》す	look down on	蔑视	깔보다 , 얕보다
うわべ	on the surface	表面上	겉모습 , 겉치레
過剰《かじょう》に	excessively	过度	지나치게

本音《ほんね》と建前《たてまえ》

関連《かんれん》キーワード　遠慮《えんりょ》

日本人は、一般《いっぱん》に相手《あいて》の立場《たちば》や周《まわ》りの状況《じょうきょう》を考えて、自分の感情《かんじょう》を抑《おさ》えたり、意見を言うのを遠慮《えんりょ》（→p64）したりします。特《とく》に、会議《かいぎ》など、多くの人の前で自分の意見を言わなければならないようなときには、とりあえず誰《だれ》も反対《はんたい》しないような無難《ぶなん》な意見を言うことがあります。このように、誰《だれ》もが賛成《さんせい》するような公式的《こうしきてき》な意見や原則《げんそく》を「**建前**《たてまえ》」と言います。「建前《たてまえ》」の反対語《はんたいご》は「**本音**《ほんね》（＝その人が本当に思っていること）」です。ビジネスの場面などでは、よくこの「**本音**《ほんね》**と建前**《たてまえ》」が、使《つか》い分《わ》けられることがあります。

例1　A社が今度《こんど》新しく始めるサービスは、**建前**《たてまえ》では顧客《こきゃく》のためと言っているが、実際《じっさい》は社内《しゃない》の事業改革《じぎょうかいかく》が目的《もくてき》のようだ。

例2　会議《かいぎ》に社長がいると、参加者《さんかしゃ》はみんな**建前**《たてまえ》ばかりで、なかなか**本音**《ほんね》を言わない。

抑える　無難な　公式的な　原則　顧客　事業改革

日本人の会議《かいぎ》は、あまり活発《かっぱつ》に意見が出ない、とよく言われます。出席者《しゅっせきしゃ》が建前《たてまえ》ばかり言うような状況《じょうきょう》もよくあります。会議《かいぎ》や公式《こうしき》の場で個人的《こじんてき》な意見を述《の》べ、他人《たにん》と意見がぶつかったりすることを避《さ》けようとする気持ちがあるからでしょう。「**和**《わ》」を大切にしようとする気持ちが働《はたら》くからとも言えます。

ところが、いつも「建前《たてまえ》」ばかり言っていると、「あの人は建前《たてまえ》ばかりで、いつまでたっても本音《ほんね》を言わない」と批判《ひはん》されることになります。

また、自分の考え方をいろいろと変えたりすると、「あの人は建前《たてまえ》をすぐ崩《くず》す」といって信用《しんよう》されなくなります。

建前《たてまえ》ばかり言っていたり、逆《ぎゃく》に本音《ほんね》のぶつけ合いだけでは、いつまでたっても議論《ぎろん》が前に進《すす》みません。そこで、事前《じぜん》に参加者《さんかしゃ》の意見を聞き、対立《たいりつ》が表面化《ひょうめんか》しないように調整《ちょうせい》を行い、会議《かいぎ》が始まる前に大体《だいたい》の方向《ほうこう》を決《き》めておくこともあります。これは非常《ひじょう》に日本的な方法で、「**根回《ねまわ》し**」と言われているものです。

本音《ほんね》と建前《たてまえ》はビジネスの場面だけでなく、日常《にちじょう》生活でも上手に使《つか》い分《わ》けられます。

例3　A「みんなケンカしないで、仲《なか》よくしないといけませんよ」

B「そりゃそうだけど、ひどい悪口《わるくち》を言われたものだから……」

活発に　表面化する

例3の場合、Aの発言《はつげん》が建前《たてまえ》で、Bの発言《はつげん》が本音《ほんね》です。建前《たてまえ》は、このように誰《だれ》にも反対《はんたい》できないような当然《とうぜん》のこと、原則的《げんそくてき》な意見なのです。

原則的な

もっと深く！

人間は、表向《おもてむ》きに言う意見や考え方とは別《べつ》に、あまり外に出さない、その人の本当の考えや感《かん》情《じょう》を持っていることがよくある。その本当の気持ちや意見、考えなどを「本音《ほんね》」と言う。ふつう、日本人はそう簡単《かんたん》に本音《ほんね》を言わないと思われている。だから、本音《ほんね》を言うことを、「**本音《ほんね》を吐《は》く**」とか、「**本音《ほんね》を漏《も》らす**」などと言うのである。

「本音《ほんね》」の「音《ね》」というのは、人間の本当の感情《かんじょう》が表《あらわ》れるときに出る声のことで、「**音《ね》をあげる**（=苦《くる》しさに耐《た》えられず声を出すこと）」や、「**ぐうの音《ね》も出ない**（=何も言えない）」という表現《ひょうげん》もある。

吐く　漏らす　耐える

単語《たんご》ノート

抑《おさ》える	restrain	抑制	억제하다 , 누르다
無難《ぶなん》な	safe	安全 无可非议	무난한
公式的《こうしきてき》な	formal, politically correct	正式的	공식적
原則《げんそく》	principle	原则	원칙
顧客《こきゃく》	client	顾客	고객
事業改革《じぎょうかいかく》	restructure operations	事业改革	사업개혁
活発《かっぱつ》に	actively	活跃地	활발하게
表面化《ひょうめんか》する	come to light	公开	표면화되다
原則的《げんそくてき》な	fundamental	原则性的	원칙적인
吐《は》く	spit, reveal	吐露	토하다 , 토로하다
漏《も》らす	leak, reveal	透露	누설하다 , 털어놓다
耐《た》える	endure	忍耐	견디다 , 참다

おかげさま

関連《かんれん》キーワード　つきあい

「**おかげ（さま）**」というのは、もともとは、神社《じんじゃ》やお寺に助《たす》けを求《もと》めてお願《ねが》いに行き、いい結《けっ》果《か》になったとき、神様《かみさま》や仏様《ほとけさま》にその援助《えんじょ》（おかげ）に感謝《かんしゃ》して使う言葉でしたが、現在《げんざい》では、人から援助《えんじょ》や協力《きょうりょく》を受け、いい結果《けっか》が生まれたことに感謝《かんしゃ》して言います。

例1　先生「大学合格《ごうかく》おめでとう！」
　　学生「ありがとうございます。先生のご指導《しどう》の**おかげです**」

相手《あいて》に感謝《かんしゃ》の気持ちを表《あらわ》すとき、単《たん》に「ありがとう」と言うよりも、「あなたのおかげで」と言ったほうが、自分がしたことが相手《あいて》の役《やく》に立《た》ったということが強調《きょうちょう》されるため、言われたほうは嬉《うれ》しく感《かん》じるものです。

相手《あいて》に対して感謝《かんしゃ》の心を持ち、それを上手に表現《ひょうげん》することは、人と人の「つきあい」（→p 88）

援助　指導

の中でとても大事なことです。日本人は日常生活《にちじょう》の中で、こうした感謝《かんしゃ》の言葉を大切にしています。

例2　A「こんにちは。お元気そうですね」

　　　B「ええ、**おかげさまで**」

例3　A「お母さんの具合《ぐあい》はいかがですか」

　　　B「**おかげさまで、**もうすっかりよくなりました」

「**おかげさまで**」という言葉は、例2のように、ほとんどあいさつの代《か》わりに使われる場合や、例3のように、具体的《ぐたいてき》に相手《あいて》が何かしたわけではないのに使われることがよくあります。この場合は、相手《あいて》に何かをしてもらったことへの感謝《かんしゃ》というよりも、日常《にちじょう》の相手《あいて》の好意《こうい》や親切に感謝《かんしゃ》しているということを表《あらわ》しているのです。

もっと深く！

「おかげ」は、いい結果《けっか》が生まれたときに、その原因《げんいん》となった他人《たにん》からの援助《えんじょ》や協力《きょうりょく》に対して感謝《かんしゃ》の気持ちを表《あらわ》すのが本来《ほんらい》の使い方ですが、よくない結果《けっか》や影響《えいきょう》を受けたときに、不満《ふまん》や皮肉《ひにく》の意味を込《こ》めて使われることもあります。

「A君《くん》が道を間違《まちが》えたおかげで、十分で着《つ》くところを一時間もドライブさせられちゃったよ」

この場合は、本当は「A君《くん》のせいで」と言いたいのを、皮肉《ひにく》を込《こ》めて「おかげ」を使っているのです。

皮肉

単語《たんご》ノート

援助《えんじょ》	assistance	援助	원조
指導《しどう》	guidance	指导	지도
皮肉《ひにく》	sarcasm	讽刺	야유 , 비꼬는 말

コラム　日常の会話から③

「考えておきます」――日本人の本心《ほんしん》は？

＊日本語学校の教室で……

外国人学生　「先生、今度、みんなで花見《はなみ》（＝桜《さくら》の花を鑑賞《かんしょう》する）にいきませんか？」

日本語の先生「花見《はなみ》？　いつ？」

外国人学生　「今度の日曜日です。上野《うえの》公園の桜《さくら》が満開《まんかい》だそうです」

日本語の先生「こんどの日曜日かぁ、考えておくよ」

外国人学生　「じゃ、楽しみにしています」

あなたは、この日本人の先生は花見《はなみ》に行くと思いますか？　外国人学生は、先生が「考えておく」といったので、花見《はなみ》に行くと思うでしょう。ところが、日本人はこの会話を聞いたら、人にもよりますが、70～80％行かないだろうと考えます。どうしてでしょうか？　日本人は、友人や学生が誘《さそ》ってくれたのに、すぐにその場で「行かない」というと、相手《あいて》はいやな気持ちになるのではないか、と思うのです。だから、一応《いちおう》「考えておきます」といって、しばらくたってから「やっぱり、行けません」というのです。相手《あいて》の気持ちを考えて、すぐにノーと言わないのです。

日本人が「考えておく」と言ったときは、注意が必要《ひつよう》です。

＊初対面《しょたいめん》のあいさつで……

外国人「初《はじ》めまして、どうぞよろしく」
日本人「こちらこそ、よろしく」
外国人「あなたはどこに住んでいますか？」
日本人「東京の世田谷区《せたがやく》です」
外国人「いいところにお住まいですね」
日本人「ええ、まあ。今度、一度遊びにきてください」
外国人「ありがとうございます。では、いつにしましょうか？」

この会話のように具体的《ぐたいてき》に「いつ？」と言われると、日本人は慌《あわ》てます。「一度遊びにきてください」は日本では、儀礼的《ぎれいてき》なあいさつの言葉で、本当に誘《さそ》っているのではなく、好意《こうい》を示《しめ》して「遊びにきてください」と言っただけなのです。外国人は不誠実《ふせいじつ》なリップ・サービスだと思うかもしれませんが、住んでいる場所の話になったので、誘《さそ》わないと相手に対して悪《わる》い、申《もう》し訳《わけ》ないと思うのです。日本人の一度は「もし機会《きかい》があったら」という意味です。「一度、いっしょに飲みましょう」も、「すぐに」ではなく、「機会《きかい》があったら」なので、注意が必要《ひつよう》です。その場合は「ええ、今度また」と返事《へんじ》すればいいのです。本当に飲みたかったら、相手《あいて》のほうから具体的《ぐたいてき》にあなたの都合《つごう》や日時《にちじ》を聞いてきます。

第五章 表現《ひょうげん》を抑《おさ》える

控《ひか》え め

関連《かんれん》キーワード
遠慮《えんりょ》　角《かど》を立《た》てない

「控《ひか》えめ」は、「控《ひか》える」という動詞と、「多め」「少なめ」などと同じように、程度《ていど》を表《あらわ》す「め」からできた言葉です。「控《ひか》える」とは、程度《ていど》や行動が極端《きょくたん》にならないようにすることですが、医《い》者《しゃ》から、「お酒《さけ》は控《ひか》えてください」と言われたら、「飲まないでください」という意味です。

例1　体の調子《ちょうし》が悪《わる》いときは、お酒《さけ》は**控《ひか》えめ**にしたほうがいいですよ。

「お酒《さけ》は控《ひか》えめに」というのは、「飲んでもいいけれど、いつもより少なく」「度《ど》を越《こ》さないように注意して」という意味です。食品《しょくひん》のパッケージにもよく「塩分控《えんぶんひか》えめ」「油分控《あぶらぶんひか》えめ」という表示《ひょうじ》が使われます。

では、人に関《かん》して「控《ひか》えめ」と言うときは、どのような人を指《さ》すのでしょうか。

極端　度を越す

例2　その選手《せんしゅ》は優勝《ゆうしょう》したのに、言葉が控《ひか》えめで好感《こうかん》が持てる。

日本人の間では、自分の意見をどんどん言ったり、自分の感情《かんじょう》や欲望《よくぼう》を隠《かく》さずにそのまま出したりすることは、あまり好《この》まれません。特《とく》に大人の場合、相手《あいて》の立場《たちば》や周《まわ》りの状況《じょうきょう》を考えて、自分の感情《かんじょう》はできるだけ抑《おさ》えるべきだと考えられています。（「角《かど》を立《た》てない」→p127）また、成功《せいこう》したり、高い地位《ちい》についたりしても、そのことを自慢《じまん》したり、得意《とくい》になったりしないで、謙虚《けんきょ》な態度《たいど》でいることが好《この》まれます。このように自分の感情《かんじょう》を抑《おさ》えた、物静《ものしず》かな感《かん》じの人を「控《ひか》えめな人」と言います。

「控《ひか》えめ」に近い言葉に「**つつましい**」があります。この言葉も「控《ひか》えめ」と同じように、自分の感情《かんじょう》を抑《おさ》えた謙虚《けんきょ》な態度《たいど》の人に対して使われます。「つつましい」は、もともと古語《こご》の「慎《つつ》む」（現代語《げんだいご》の「慎《つつし》む」）から来た言葉です。「慎《つつし》む」には、「控《ひか》える」という意味のほかに、「間違《まちが》いがないように気をつける」という意味もあるため、「つつましい」という言葉は、「控《ひか》えめ」よりもさらに慎重《しんちょう》で、周《まわ》りの人に遠慮《えんりょ》（→p64）した態度《たいど》というイメージが強くなります。

例3　妻《つま》は、夫《おっと》の後ろにつつましく控《ひか》えている。

欲望　抑える　地位　自慢する　得意になる
謙虚な　物静かな　慎重な

例3は、目立《めだ》たないように、静《しず》かに夫《おっと》の後ろにいるという意味ですが、日本の古い伝統《でんとう》では、他人《たにん》の前では女性が男性を立てるという習慣《しゅうかん》があり、そのような日本の習慣《しゅうかん》にしたがった、控《ひか》えめで物静《ものしず》かな女性を、好《この》ましく表現《ひょうげん》する場合に使われます。しかし男性についても、「非常《ひじょう》に謙《けん》虚《きょ》でつつましい態度《たいど》の人」などと言うことがあります。

自分の感情《かんじょう》を抑《おさ》え、謙虚《けんきょ》な態度《たいど》を好《この》ましいと考える日本人にとって、「控《ひか》えめ」や「つつましい」というのは、非常《ひじょう》にいいイメージを持った言葉なのです。

📖（人を）立てる

もっと深く！

たとえば、あることについて専門的《せんもんてき》な知識《ちしき》がかなりあっても、問《と》われない限《かぎ》り自分から口を出さないのが「控《ひか》えめ」なのに対して、頼《たの》まれもしないのに自分から積極的《せっきょくてき》に出てきて口を挟《はさ》んだりすることを、「**出過《です》ぎる**」と言う。そういう人は、「出過《です》ぎたまね（＝行為《こうい》）をするな！」と言って批判《ひはん》されることがある。

さらに、本当はそれほど専門的《せんもんてき》な知識《ちしき》も経験《けいけん》もないのに、自分から解説《かいせつ》したり、人にアドバイスしたりするような行為《こうい》を「**でしゃばる**」といい、そういう人を「**でしゃばり**」という。

子どもが大人の会話の間に入って発言《はつげん》したりすると、「おまえはよくわかっていないんだから、でしゃばるんじゃない！」などと、叱《しか》られる。「控《ひか》えめ」であること、「つつましい」態度《たいど》が日本人としての美徳《びとく》であるだけに、「でしゃばる」人は、周《まわ》りから好感《こうかん》を持たれない。

さらに「**しゃしゃりでる**」には、自分の立場《たちば》を考えないで、無遠慮《ぶえんりょ》に人の前に出てくるとか、関係ないのに口を挟《はさ》む、などというイメージがあって、「でしゃばる」よりさらに強い語感《ごかん》がある。「おまえなんかが、しゃしゃりでる場ではない、引《ひ》っ込《こ》んでいろ！」というのは強い非難《ひなん》の言葉である。

口を挟む　美徳　語感

単語《たんご》ノート

極端《きょくたん》	extreme	极端	극단
度《ど》を越《こ》す	go too far	过度	도를 넘다
欲望《よくぼう》	desire	欲望	욕망
抑《おさ》える	restrain	控制	억제하다 , 누르다
地位《ちい》	social status	地位	지위
自慢《じまん》する	boast	自夸	자랑하다
得意《とくい》になる	act conceited	得意	우쭐거리다
謙虚《けんきょ》な	humble	谦虚的	겸허한
物静《ものしず》かな	quiet	文静的	고요한 , 조용한
慎重《しんちょう》な	cautious	慎重的	신중한
（人《ひと》を）立《た》てる	respect	尊重（人）	사람을 세우다
口《くち》を挟《はさ》む	interrupt	插嘴	말참견을 하다
美徳《びとく》	virtue	美德	미덕
語感《ごかん》	the nuance of a word	语感	어감

ほのめかす

関連《かんれん》キーワード
空気を読む　控《ひか》えめ　遠慮《えんりょ》

外国人は、よく日本人のことを「曖昧《あいまい》だ」とか「何を考えているか、よくわからない」などと言います。それは日本人が、人前《ひとまえ》で感情《かんじょう》をはっきりと表《あらわ》さなかったり、相手《あいて》に遠慮《えんりょ》して自分の意見をはっきり言わなかったりするからでしょう。

日本には、「**以心伝心**《いしんでんしん》（＝言葉で言わなくても、態度《たいど》などから、自分の気持ちが自然《しぜん》に相手《あいて》に伝《つた》わる）」や、「**目は口ほどにものを言う**（＝目を見れば、口で話すのと同じぐらい相手《あいて》の気持ちがわかる）」ということわざがありますが、自分の気持ちを言葉ではっきり言わなくても、態度《たいど》や様子《ようす》で相手《あいて》がわかるものだと思っていることが多いのです。

自分の思っていることを直接《ちょくせつ》はっきりと言わなかったり、態度《たいど》や表情《ひょうじょう》などで示《しめ》すことを、「**ほのめかす**」と言います。相手《あいて》のほうも、はっきりとではないけれども、なんとなく「言いたいことはこうではないか」とわかるのです。

日本人は、大事なことでもはっきり言わないで、相手《あいて》が自分の気持ちを推測《すいそく》し、理解《りかい》するのを

曖昧な　なんとなく　推測する

好《この》む傾向《けいこう》があります。反対《はんたい》に、はっきりと言葉に出して言うことを「**あからさま**」だといって嫌《きら》うことがよくあります。なぜなら控《ひか》えめ（↓p116）であることがいいと考える日本人から見れば、あからさまな態度《たいど》というのは、あまり好《この》ましいことではないからです。

例1 上司《じょうし》から、**職場《しょくば》の異動《いどう》をほのめかされた。**

例2 彼女《かのじょ》は彼《かれ》と目が合うと、**あからさまに**視線《しせん》をそらした。

「あからさま」というのは、「明るい」と「さま（＝様子《ようす》）」からできた言葉で、明《あき》らかだ、はっきりと表面《ひょうめん》に出ている、という意味です。日本社会では、自分の感情《かんじょう》や好《す》き嫌《きら》いをはっきりと外に出すことは、相手《あいて》に対して失礼《しつれい》だとか、品《ひん》のないことだと思われています。ですから、あからさまに態度《たいど》に出すということは、多くの場合、悪《わる》い意味を含《ふく》んでいます。例2の場合、女性が男性を嫌《きら》っていることをはっきりと態度《たいど》で出したことを意味しています。

その国の文化や習慣《しゅうかん》によって、タブーとされることには違《ちが》いがありますが、日本では一般《いっぱん》に、お金のことや性的《せいてき》なこと、また自分の欲求《よっきゅう》などについてあからさまに言うのは、恥《は》ずかしいことだと考えられているのです。

「ほのめかす」が行為《こうい》であるのに対して、はっきりとはわからない、あまり目立《めだ》つようにしない

異動　目が合う　タブー　性的な　欲求

態度《たいど》や様子《ようす》のことを「**さりげない**」と言います。

例3　彼女《かのじょ》のさりげないおしゃれには、好感《こうかん》が持てる。
例4　課長《かちょう》はさりげなく部下《ぶか》に注意を与《あた》えた。

「さりげない」は、もともと「そのような様子《ようす》でない」「そのようには見えない」という意味で、行動や様子《ようす》が目立たないようにすることです。ですから、例3は、彼女《かのじょ》のおしゃれがあまり派手《はで》で目立《めだ》つものでなく、自然《しぜん》ないい感《かん》じだ、という意味であり、例4は、周《まわ》りの人からはわからないように注意した、という意味で、課長《かちょう》の配慮《はいりょ》が感《かん》じられます。

相手《あいて》に対してはっきり言葉で言わないで、態度《たいど》や表情《ひょうじょう》などで自分の気持ちを表現《ひょうげん》するやり方を日本人はとても好《この》みます。ですから、相手《あいて》の表情《ひょうじょう》や身振《みぶ》り手振《てぶ》りなどは重要《じゅうよう》なサインなのです。

📖 配慮　身振り手振り　サイン

もっと深く!

日本語の婉曲《えんきょく》な表現《ひょうげん》には、ほかにも次《つぎ》のようなものがある。

例1　あの人忙《いそが》しそうだから、私たち、今日行くのは遠慮《えんりょ》したほうがいいかもしれないね。

例1の「遠慮《えんりょ》する」(↓p64)は、「行かない」を婉曲《えんきょく》に表現《ひょうげん》した言い方である。

「**これみよがし**」は、もともと「これを見てほしい」という意味の古語《こご》だが、「あからさまに」は言わないけれど、表情《ひょうじょう》とか態度《たいど》から相手《あいて》にわかるようにする、ことである。

例2　彼《かれ》は**これみよがし**にお金を投《な》げて渡《わた》した。

例2は、本当はお金を渡《わた》したくないという不満《ふまん》な気持ちを、お金を投《な》げるという行動で相手《あいて》にわからせようとしたのである。

また「**あてつけ**」は、直接《ちょくせつ》言わずに別《べつ》のことや人を話題《わだい》にして、婉曲《えんきょく》に相手《あいて》にわからせるやり方である。

婉曲な

例3　Ａ「彼女《かのじょ》は、とってもきれいだね」
　　　Ｂ「何？　それって私への**あてつけ？**」

例3は、Ａさんが別《べつ》の女性を美人《びじん》だと褒《ほ》めたので、Ｂさんは自分が間接的《かんせつてき》に美人《びじん》でないと言われたと考えて、怒《おこ》っているのである。

単語《たんご》ノート

曖昧《あいまい》な	ambiguous	暧昧的	애매한
なんとなく	kind of	总觉得	왠지 모르게, 어쩐지
推測《すいそく》する	guess	推测	추측하다, 헤아리다
異動《いどう》	transfer	调动 变动	이동
目《め》が合《あ》う	catch one's eye	眼神对上	눈이 마주치다
タブー	taboo	忌讳	터부, 금기
性的《せいてき》な	sexual	两性的	성적인
欲求《よっきゅう》	desire	欲望	욕구
配慮《はいりょ》	make considerations for	关怀 考虑	배려
身《み》振《ぶ》り手《て》振《ぶ》り	gestures	身体动作	손짓발짓
サイン	sign	信号	사인, 신호
婉曲《えんきょく》な	indirect	委婉的	완곡한

角《かど》を立《た》てない

関連《かんれん》キーワード
気をつかう　空気を読む　ほのめかす

「角《かど》を立《た》てる」と言うときの「角《かど》」とは、ものの尖《とが》った鋭《するど》い部分のことで、それが人に当《あ》たれば、相手《あいて》は痛《いた》い思いをします。ちょうどそのように、相手《あいて》の気持ちを傷《きず》つけたり、感情《かんじょう》を害《がい》したりするような言い方をすることを「角《かど》を立《た》てる」といいます。よい人間関係を築《きず》くためには、相手《あいて》の気持ちを考えて、「角《かど》を立《た》てない」ようにする必要《ひつよう》があるのです。

例1　A「私とつきあってください」
　　　B「私はあなたが嫌《きら》いです」

Bのように、はっきり言うと、Aは当然傷《とうぜんきず》ついたり、怒《おこ》ったりするでしょう。率直《そっちょく》に思ったことを言ったほうがいいという人もいますが、それでは**「角《かど》が立つ」**（＝率直《そっちょく》すぎて相手《あいて》との関係が悪《わる》くなる）ので、日本人は普通《ふつう》もっとやわらかい言い方をしようとします。たとえば「もう別《べつ》に恋人《こいびと》がいます」とか「今は仕事に夢中《むちゅう》なので……」などと、相手《あいて》が傷《きず》つかないように「気をつかう」（↓p70）のです。友《とも》だちの書いた下手《へた》な絵をみても、「味《あじ》があるねえ」というのは、角《かど》を立てない言い方です。

「**ものは言いようで角《かど》が立つ**」ということわざがあります。同じ意味のことを言うにしても、言葉を選《えら》んで言わないと、相手《あいて》の気分《きぶん》を害《がい》したり怒《おこ》らせたりすることがあるので注意しましょう、という意味です。

例2　A「ここ、間違《まちが》えないように注意してね」

B「わかってるよ、それぐらい」

A「だって、いつも間違《まちが》えるじゃない！」

例2は、友《とも》だちや会社の同僚《どうりょう》などの間でよくある会話ですが、相手《あいて》の親切《しんせつ》な忠告《ちゅうこく》に対して、Bは「**角《かど》のある**」言い方になっていますね。こうなるとAも不愉快《ふゆかい》になり、感情的《かんじょうてき》になります。「ありがとう」といえば、お互《たが》いに穏《おだ》やかにつきあえるのに、「わかっているよ」ではケンカになってしまいます。

親《した》しい間柄《あいだがら》ではまだいいかもしれませんが、これが会社など、オフィシャルな場所だったりしたら、客《きゃく》を怒《おこ》らせたり、仕事がなくなったりしかねません。言葉づかいには特に気をつけないといけないのです。

もっと深く！

日本の飛鳥時代《あすかじだい》（五九三年〜六四五年）に仏教《ぶっきょう》を広《ひろ》めた、聖徳太子《しょうとくたいし》が言った言葉として、「**和《わ》をもって貴《とうと》しとなす**」がある。これは「和《なご》やかな人間関係が非常《ひじょう》に大切である」という意味で、現代《げんだい》においても日本人が日常《にちじょう》よく引用《いんよう》する格言《かくげん》である。仕事が円滑《えんかつ》に、つきあいも円満《えんまん》に、「角《かど》を立《た》てない」で「丸《まる》くおさめる（＝お互《たが》いに不満《ふまん》がないようにする）」のがよいと言いたいときに使う。周囲《しゅうい》とのよい人間関係（＝和《わ》）を保《たも》つためには、相手《あいて》の立場《たちば》や周囲《しゅうい》の状況《じょうきょう》を考えてから（「空気を読む」→p79）言うべきだと考えられている。また相手《あいて》の気持ち・感情《かんじょう》を考えて、思ったことをはっきりと言わないでやわらかく言ったり、態度《たいど》や表情《ひょうじょう》などで示《しめ》す（「ほのめかす」→p121）ようにする。日本人社会においては、相手《あいて》の感情《かんじょう》を傷《きず》つけるような、つまり「角《かど》を立《た》てる」やり方は、あまり好《この》まれないのである。

次ページのコラム「日常《にちじょう》の会話から④」の会話は、角《かど》を立《た》てないで、やわらかく言う日本人の会話の典型的《てんけいてき》な例である。

コラム　日常の会話から❹

「ちょっと」――表現《ひょうげん》をやわらかく

＊友だちと……

春子「夏子、この服どう？　似合《にあ》う？」
夏子「うーん、ちょっと……。なんとなくサイズが合ってないような……」
春子「そう？　……じゃあ、こっちのは？」
夏子「うーん、たぶん、もうちょっと薄《うす》い色のほうがいいかも……」
春子「そうかぁ。じゃあ、買うのやめようかなぁ」

日本人は、友だちとの日常《にちじょう》の会話でも、「ちょっと」とか「何となく」とか「たぶん」のような曖昧《あいまい》な言い方をしたり、途中《とちゅう》までしか言わなかったりします（「ほのめかす」↓p121）。外国人に「日本人は曖昧《あいまい》で、何を言っているのかよくわからない」と思われるのはそのためでしょう。しかし、それは自分の意見をはっきり主張《しゅちょう》したり、相手《あいて》の言うことをはっきりと否定《ひてい》すると、相手《あいて》が嫌《いや》な思いをするのではないか、という配慮《はいりょ》があるからなのです。「ちょっと」や「たぶん」といった言葉には、相手《あいて》に与《あた》える印象《いんしょう》をやわらかくする効果《こうか》があります。

上司《じょうし》やお客《きゃく》さんなど、特《とく》に気をつかう（↓p70）必要《ひつよう》がある相手《あいて》に対しては、このような表現《ひょうげん》が多く使われます。

「ひとつ、お願《ねが》いがあるんですが……」（簡単《かんたん》なことです、と程度《ていど》をやわらげる）

「僕《ぼく》は行くけど、君《きみ》はどうする？」「私はちょっと……」（私は行かない、のやわらかい返事《へんじ》）

「私はともかく、彼《かれ》が嫌《いや》がるでしょう」（自分が嫌《いや》だ、と言うのを避《さ》ける）

「これは犯罪《はんざい》と言ってもいいのではないか？」（断定《だんてい》を避《さ》け、主張《しゅちょう》をやわらかくする）

そのほか、日本語には、自分の意見・主張《しゅちょう》をやわらかくするための言葉や表現《ひょうげん》が、数《かぞ》え切《き》れないほどあります。このような主張《しゅちょう》をやわらげる表現《ひょうげん》は、本来《ほんらい》、自分の意見をはっきり言ったり、相手《あいて》の意見を批判《ひはん》したりするのが当然《とうぜん》の討論《とうろん》の場でもしばしば見られます。そこには、強く主《しゅ》張《ちょう》することによって相手《あいて》を傷《きず》つけたり、相手《あいて》から強く反論《はんろん》されたりするのを避《さ》けたいという意識《いしき》が働《はたら》いているのです。多くの人が日常《にちじょう》、無意識《むいしき》のうちに「ちょっと」や「たぶん」を使っていますが、これらは、まさに日本人の感性《かんせい》が色濃《いろこ》く表《あらわ》れた言葉だと言えるでしょう。

第六章
精神主義《せいしんしゅぎ》を好《この》む

がんばる

関連《かんれん》キーワード　**無理《むり》**

日本は、狭《せま》い国土《こくど》・少ない資源《しげん》にもかかわらず、第二次世界大戦後《だいにじせかいたいせんご》、世界でも上位《じょうい》の経済大国《けいざいたいこく》に成長《せいちょう》しました。その理由《りゆう》としてよく挙《あ》げられるのが、日本人の勤勉《きんべん》さやまじめさです。日本人が「**がんばる**」という言葉をよく使うのも、そのことと関係あるでしょう。

例1　高校生になったら、勉強もスポーツも**がんばります**。

例2　上司《じょうし》「今月の売上目標《うりあげもくひょう》、月末《げつまつ》までに達成《たっせい》できるのか？」
部下《ぶか》「はい。達成《たっせい》できるよう、**がんばります！**」

学生も、会社員も、政治家《せいじか》も、決意《けつい》を表《あらわ》すときには、「いい成績《せいせき》がとれるように、がんばります」、「目標達成《もくひょうたっせい》のために、がんばります」、「国民《こくみん》のために、がんばります」と、とにかく「がんばる」を使います。例2のように、実際《じっさい》には難《むずか》しいと思っている場合でも、「できません」で

国土　資源　勤勉な

はなく、前向《まえむ》きな姿勢《しせい》を示《しめ》すために、「がんばります」と答えます。

また、相手《あいて》を励《はげ》ますときや応援《おうえん》するときにも、いつも「がんばれ」が使われます。

例３　優勝目指《ゆうしょうめざ》して、**がんばってください！**
例４　Ａ「今晩《こんばん》、ついに彼女《かのじょ》にプロポーズすることにしたよ」
　　Ｂ「そうか、**がんばれよ！**」

「がんばる」は、本当は、「目標達成《もくひょうたっせい》のために、困難《こんなん》に耐《た》えて努力《どりょく》し続ける」という意味です。すでに一生懸命努力《いっしょうけんめいどりょく》している人に対して、「がんばれ！」と言うのは、「努力《どりょく》が足《た》りない」という意味に感《かん》じられるかもしれません。しかし、日本人が「がんばれ！」というのは、もっと努《ど》力《りょく》するよう相手《あいて》に命令《めいれい》するのではなく、「あなたを応援《おうえん》しています」という気持ちの表現《ひょうげん》なのです。例４の場合は、英語の“Good luck”に近い軽《かる》い意味と考えていいでしょう。

ですから、「がんばれ！」と言われたら、「はい、がんばります！」と返事《へんじ》をすれば、「応援《おうえん》ありがとうございます」というメッセージになります。

日本人の会話でよく見られる、「がんばって！」「がんばります！」というやりとりは、もともとの意味で考えるよりも、応援《おうえん》する人とされる人の「決《き》まり文句《もんく》」だと受《う》け取《と》ったほうがいいで

📖前向きな　励ます　耐える　決まり文句

しょう。

「がんばる」に近い言葉に「無理《むり》する」（↓P144）があります。「無理《むり》する」というのは、自分の能力《のうりょく》や体力《たいりょく》の限界《げんかい》を超《こ》えてでも、何かをやろうとすることです。すでに十分がんばっている人に対して、「がんばれ！」と言うのはかわいそうなので、応援《おうえん》する人は「無理《むり》しないでね」と言うこともよくあります。しかし、そう言われると、「無理《むり》してでも、がんばります！」と返《かえ》す人が多いのも、日本人らしい反応《はんのう》と言えるでしょう。

もっと深く！

ルース・ベネディクトは『菊《きく》と刀《かたな》』の中で、太平洋戦争《たいへいようせんそう》の頃《ころ》、アメリカの物量作戦《ぶつりょうさくせん》に対して日本人は精神力《せいしんりょく》で勝《か》とうとしたことを取《と》り上《あ》げ、それを日本的特徴《とくちょう》だと述《の》べている。

今でも、日本人は精神主義《せいしんしゅぎ》を好《この》み、何か問題にぶつかったときやつらいときに、とりあえず「がんばります」や「努力《どりょく》します」と言うことが多い。

しかし、そのような日本人の「がんばる」精神《せいしん》が原因《げんいん》で、二〇〇〇年代《だい》から会社員の過労死《かろうし》やうつ病《びょう》が社会問題となってきた。一九六〇年代《だい》の高度経済成長期《こうどけいざいせいちょうき》、日本の会社員は「働《はたら》き蜂《ばち》」や「企業戦士《きぎょうせんし》」と呼《よ》ばれるほど、一生懸命《いっしょうけんめい》に働《はたら》いたが、最近の企業《きぎょう》は、社員が働《はたら》き過《す》ぎないように残業《ざんぎょう》を禁止《きんし》したり、休暇《きゅうか》をとらせたりするようにしている。

ただ、それでもなお、日本人にとって「休む」というのは罪悪感《ざいあくかん》のある言葉であり、会社から休めと言われても、なかなか休もうとしない人が多いのも事実《じじつ》である。

有名な言葉に、

「**精神一到《せいしんいっとう》　何事《なにごと》か成《な》らざらん**」（＝心から努力《どりょく》すれば、何でもできるものだ）

「**為《な》せば成《な》る　為《な》さねば成《な》らぬ　何事《なにごと》も**」（＝何でも、本気《ほんき》でやれば、きっとできるものだ）

というのがあるが、これらの表現《ひょうげん》も日本人が好《この》むものである。

精神主義　過労死　うつ病　高度経済成長期　罪悪感

単語《たんご》ノート

国土《こくど》	country, land	国土	국토
資源《しげん》	resources	资源	자원
勤勉《きんべん》な	hardworking	勤勉的	근면
前《まえ》向《む》きな	positive	向前的 积极的	긍정적인
励《はげ》ます	encourage	鼓励	격려하다
耐《た》える	endure	忍耐	견디다 , 참다
決《き》まり文句《もんく》	pet phrase	老套话 口头禅	입 (말) 버릇 , 상투어
精神主義《せいしんしゅぎ》	spiritualism (the concept of being able to do anything depending on your state of mind)	精神主义	정신주의
過労死《かろうし》	death from overwork	过劳死	과로사
うつ病《びょう》	depression	忧郁症	우울증 (병)
高度経済成長期《こうどけいざいせいちょうき》	period of high economic growth	高度经济成长期	고도경제성장기
罪悪感《ざいあくかん》（がある）	feel guilty about	怀有罪恶感	죄책감 (을 느끼다)

根性《こんじょう》

関連《かんれん》キーワード　がんばる

耐え抜く　精神力

日本人は「がんばる（→p134）」とか「努力《どりょく》」という言葉をよく使うように、「根性《こんじょう》」という言葉もよく使います。「根性《こんじょう》」とは、苦《くる》しいことやつらいことがあっても、それに負《ま》けたりあきらめたりしないで、やり抜《ぬ》く意志《いし》、耐《た》え抜《ぬ》く精神力《せいしんりょく》のことです。

例1　あの子はちょっと苦《くる》しいとすぐに練習をやめる。まったく**根性《こんじょう》がない**。

例2　売《う》り上《あ》げ目標《もくひょう》を達成《たっせい》できないのは、**根性《こんじょう》が足《た》りない**からだ！

「根性《こんじょう》」は、特《とく》にスポーツの世界でよく使われます。練習がつらくても耐《た》えてがんばる人は根《こん》性《じょう》がある人、苦《くる》しいとすぐにあきらめてしまうような人は根性《こんじょう》がない人です。監督《かんとく》やコーチが選《せん》手《しゅ》を指導《しどう》するときに、「がんばれ」よりもっと厳《きび》しい表現《ひょうげん》として、「もっと根性《こんじょう》を見せろ！」のように言うこともあります。

スポーツの世界以外でも、たとえば例2のように、会社で上司《じょうし》が営業成績《えいぎょうせいせき》の悪《わる》い部下《ぶか》に対して、「根性《こんじょう》が足《た》りないから成績《せいせき》が悪《わる》いんだ！」と言って怒《おこ》るというようなことが、昔《むかし》はよくあったようです。このような「根性《こんじょう》があれば何でもできる」という考え方は、「根性論《こんじょうろん》」と呼《よ》ばれます。合理性《ごうりせい》や便利《べんり》さが重視《じゅうし》される今日《こんにち》では、根性論《こんじょうろん》はほとんど死語《しご》となっていますが、今でもなお、「努力《どりょく》が一番大事」という考え方は、日本人の心の底《そこ》に残《のこ》っていると言えるでしょう。

例3　勉強もしないでいい成績《せいせき》をとろうなんて、**根性《こんじょう》の曲《ま》がった**考え方だ。

例4　お前《まえ》みたいな人間に教えてやることは何もない。**根性《こんじょう》を入《い》れ替《か》えて出直《でなお》してこい！**

「根性《こんじょう》」は、もともとは仏教語《ぶっきょうご》で、「その人が持って生まれた性質《せいしつ》」のことを指《さ》す言葉でした。そのため、今でも、性格《せいかく》が悪《わる》いことを「根性《こんじょう》が悪《わる》い」とか、「根性《こんじょう》が曲《ま》がっている」と言います。また、「よくない性格《せいかく》を元《もと》から改《あらた》める」という意味で、「根性《こんじょう》をたたき直《なお》す」や「根性《こんじょう》を入《い》れ替《か》える」などの表現《ひょうげん》もあります。

このように、「根性《こんじょう》」は、「性格《せいかく》」よりももっと深《ふか》い人間性《にんげんせい》を意味しています。また、「根性《こんじょう》」と同じような意味で使われる言葉に「**意地《いじ》**」があります。「意地《いじ》」は、「男の**意地《いじ》を通《とお》す**」とか「**意地《いじ》を張《は》る**」などのように、自分の考え方や態度《たいど》を変え

📖 合理性　死語　改める

ずに、何としてでも最後まで通《とお》そうとすることで、頑固《がんこ》なイメージがあります。それに対して、「根性《こんじょう》」は、困難《こんなん》に負《ま》けないで最後までがんばる、耐《た》え抜《ぬ》く精神力《せいしんりょく》を意味していて、もっと人間《にんげん》性《せい》の深《ふか》いところにあるもの、という感《かん》じがします。

頑固な

もっと深く！

日本のアニメやドラマのジャンルのひとつに、「スポ根《こん》」というのがある。これは「スポーツ根性《こんじょう》もの」の省略《しょうりゃく》で、「スポ根《こん》アニメ」や「スポ根《こん》ドラマ」などと言う。ストーリーは多くの場合、根性《こんじょう》があるスポーツ選手《せんしゅ》が、厳《きび》しい練習に耐《た》えてがんばり続け、最後には試合《しあい》で勝利《しょうり》する、というようなものである。根性《こんじょう》をさらに強調《きょうちょう》して、「ど根性《こんじょう》」という言葉もある。

ある調査《ちょうさ》によると、一九九〇年代《だい》までは、「根性《こんじょう》」「努力《どりょく》」「忍耐《にんたい》」といった言葉が日本人の好きな言葉の上位《じょうい》に入っていたが、現在《げんざい》ではそれらの言葉の順位《じゅんい》は大きく下がり、代《か》わりに「ありがとう」や「思いやり」といった「優《やさ》しい」言葉が好《この》まれているそうである。

このようなことからも、「根性論《こんじょうろん》」はすでに過去《かこ》の言葉になったように見えるが、「結果《けっか》よりも過程《かてい》が大切」「勝《か》つことよりも、そのために努力《どりょく》することがすばらしい」というような考え方は、いまだに家庭《かてい》や学校教育《きょういく》で強調《きょうちょう》されており、現在《げんざい》でもなお、日本人の重要《じゅうよう》な価値観《かちかん》として受《う》け継《つ》がれている。

📖 省略　忍耐　過程　価値観　受け継ぐ

単語《たんご》ノート

耐《た》え抜《ぬ》く	make it through	忍耐到底	견뎌내다 , 참아내다
精神力《せいしんりょく》	inner strength	精神力	정신력
合理性《ごうりせい》	rationality	合理性	합리성
死語《しご》	old fashioned word	不再使用的词语	사어 , 현재 사용하지 않는 말
改《あらた》める	improve	改正	개선하다
頑固《がんこ》な	stubborn	顽固的	완고한
省略《しょうりゃく》	abbreviation	省略	생략
忍耐《にんたい》	endurance	忍耐	인내
過程《かてい》	process	过程	과정
価値観《かちかん》	one's sense of values	价值观	가치관
受《う》け継《つ》ぐ	inherit	继承	계승하다 , 이어받다

無理《むり》

関連《かんれん》キーワード　がんばる

「無理《むり》」は、もともと、「道理《どうり》が無《な》い」ということで、道理《どうり》に合わないこと、筋《すじ》が通《とお》らないことを言います。「**無理《むり》が通《とお》れば、道理《どうり》がひっこむ**」ということわざがありますが、これは、道理《どうり》に合わないことが通《とお》るような世《よ》の中《なか》になると、正しいことが行われなくなる、という意味です。

例1　こんな成績《せいせき》では、親が心配《しんぱい》するのも**無理《むり》はない**。
例2　それは**無理《むり》な**相談《そうだん》だ。
例3　お忙《いそが》しいのに**無理《むり》を言って**すみません。

「無理《むり》はない」とは「道理《どうり》に合わないことではない」、つまり「当然《とうぜん》だ」「もっともだ」という意味になります。例2の「無理《むり》」は「道理《どうり》に合わないこと」、つまり「できないこと」だと言っているのです。

道理に合う　筋が通る

例3の「無理《むり》を言う」は、ふつうはできないような難《むずか》しいことを要求《ようきゅう》したり、お願《ねが》いしたりするときに使います。多くは、「無理《むり》を言ってすみません」という形で使われます。

例4　体の調子《ちょうし》がよくないときは、あまり**無理《むり》しないでください**。

例5　少しぐらい**無理《むり》してでも**、絶対《ぜったい》にこの仕事は最後までやり遂《と》げたい。

例6　ちょっと**無理《むり》し過《す》ぎ**なんじゃない？　たまには休んだら？

困難《こんなん》なことを、努力《どりょく》してなんとかやろうとすることを、「無理《むり》する」といいます。「無理《むり》しないでください」というのは、「がんばってください」（↓p135）よりも優《やさ》しい表現《ひょうげん》として、誰《だれ》かを励《はげ》ましたり、慰《なぐさ》めたりするときによく使われます。しかし、そう言われても、「少しぐらい無理《むり》してでもがんばります」という返答《へんとう》もまた、よく使われます。「無理《むり》」が「できないこと」という意味なのに対して、「無理《むり》してでもやる」という表現《ひょうげん》が好《この》まれるのは、やはり、「努力《どりょく》」や「根性《こんじょう》」を好《この》む日本人の精神主義《せいしんしゅぎ》の考え方があるからだと言えるでしょう。

ただ、あまりがんばり過《す》ぎると、「無理《むり》し過《す》ぎて体を壊《こわ》した」ということになりかねません。過労死《かろうし》やストレスが社会問題となっている今日《こんにち》では、無理《むり》せず休むことや、ワーク・ライフ・バランスを考えて働《はたら》くことも、多くの企業《きぎょう》では重要視《じゅうようし》されています。

📖 やり遂げる　励ます　慰める　精神主義　過労死　ストレス　ワーク・ライフ・バランス

単語《たんご》ノート

道理《どうり》に合《あ》う	reasonable, justifiable	合理	도리에 맞다
筋《すじ》が通《とお》る	logical	合情合理	도리에 맞다 , 일리가 있다
やり遂《と》げる	accomplish	完成	성취하다 , 해내다
励《はげ》ます	encourage	鼓励	격려하다
慰《なぐさ》める	comfort	安慰	위로하다
精神主義《せいしんしゅぎ》	spiritualism (the concept of being able to do anything depending on your state of mind)	精神主义	정신주의
過労死《かろうし》	death from overwork	过劳死	과로사
ストレス	(physical and mental) stress	精神压力	스트레스
ワーク・ライフ・バランス	work-life balance	工作生活平衡	일과 생활과의 균형

修行《しゅぎょう》

関連《かんれん》キーワード　がんばる　根性《こんじょう》

「修行《しゅぎょう》」というのは、もともと仏教《ぶっきょう》の言葉で、僧《そう》が滝《たき》に打《う》たれたり、山を歩いたりして、自分から仏教《ぶっきょう》の真理《しんり》を求《もと》めて、苦《くる》しい訓練《くんれん》をすることを指《さ》す言葉でした。今でも、本来《ほんらい》の意味で使うことはもちろんですが、「修行《しゅぎょう》」は、学問《がくもん》や芸術《げいじゅつ》、技術《ぎじゅつ》などを身《み》につけるために、集中的《しゅうちゅうてき》にトレーニングすることを指《さ》すようになりました。

例1　一人前《いちにんまえ》の寿司《すし》職人《しょくにん》になるためには、少なくとも十年間は修行《しゅぎょう》が必要《ひつよう》だ。

修行《しゅぎょう》という言葉は、「練習」や「トレーニング」と比《くら》べて、もっと厳《きび》しいイメージがあります。「料理の練習」と「料理の修行《しゅぎょう》」、「剣道《けんどう》の練習」と「剣道《けんどう》の修行《しゅぎょう》」とでは、聞いた人が想像《そうぞう》する練習の内容《ないよう》や環境《かんきょう》が異《こと》なります。「修行《しゅぎょう》」は「練習」よりも、もっと厳《きび》しく、集中《しゅうちゅう》して行うもので、精神的《せいしんてき》な訓練《くんれん》の意味も持っています。

僧　滝　真理　学問　一人前の　職人　精神的な

ですから、修行《しゅぎょう》と聞いて多くの人がまず思《おも》い浮《う》かべるのは、仏教《ぶっきょう》の僧《そう》か職人《しょくにん》でしょう。職人《しょくにん》は一人前《いちにんまえ》になるまで、自分の師《し》（先生）から技術《ぎじゅつ》だけでなく精神的《せいしんてき》なことまでも、ときには一緒《いっしょ》に生活をしながら、時間をかけて学《まな》びます。このような場合、「練習」でも「トレーニング」でもなく、やはり、「修行《しゅぎょう》」が一番ふさわしい表現《ひょうげん》だと言えるでしょう。

「**武者修行**《むしゃしゅぎょう》」という言葉もよく使われます。「武者《むしゃ》」とは武士《ぶし》のことです。「武者修行《むしゃしゅぎょう》」とは、武士《ぶし》が武術《ぶじゅつ》を究《きわ》めるために、各地《かくち》を回り、ほかの武士《ぶし》と命《いのち》がけの試合《しあい》をすることでしたが、現代《げんだい》では、どこか遠い所へ行き、何かを集中的《しゅうちゅうてき》に学《まな》ぶことに使われるようになりました。

例2　その音楽家は、ヨーロッパで二年間の**武者修行**《むしゃしゅぎょう》をし、音楽家としての腕《うで》をさらに磨《みが》いた。

例2のように、「ヨーロッパで音楽の武者修行《むしゃしゅぎょう》をした」というと、「ヨーロッパへ音楽の勉強に行った」というよりも、その途中《とちゅう》の苦労《くろう》や努力《どりょく》が強く感《かん》じられます。また、技術《ぎじゅつ》だけではなく、精神的《せいしんてき》なことも一緒《いっしょ》に学《まな》んだというニュアンスがあります。

日本での楽《らく》な生活を捨《す》てて、言葉も習慣《しゅうかん》も違《ちが》う苦《くる》しい環境《かんきょう》に自分の身《み》を置《お》く、という意味で、「海外に武者修行《むしゃしゅぎょう》に行く」と言う若者《わかもの》も多いようです。実際《じっさい》は、「修行《しゅぎょう》」とは言えない過《す》ごし方《かた》を

📖 ふさわしい　武術　究める　命がけの　ニュアンス

している人も多いようですが……。
また、何か失敗《しっぱい》した人に対して、日本人はよく冗談《じょうだん》で、「修行《しゅぎょう》が足《た》りない」と言います。

例3　そんな簡単《かんたん》なこともわからないなんて、まだまだ修行《しゅぎょう》が足《た》りないね。

これは、本当に「どこかで修行《しゅぎょう》してきなさい」という意味ではなく、「練習や勉強が足《た》りない」という軽《かる》い意味で言っているのです。

もっと深く!

「修行《しゅぎょう》」ほどよく使われる言葉ではないが、同じような言葉に「**精進**《しょうじん》」がある。「精進《しょうじん》」も、もともと仏教《ぶっきょう》の言葉である。

仏教《ぶっきょう》では、殺生《せっしょう》（動物《どうぶつ》などを殺《ころ》すこと）は禁《きん》じられている。そのため修行者《しゅぎょうしゃ》は、動物《どうぶつ》の肉《にく》は食べず、野菜《やさい》などを食べて心身《しんしん》を清《きよ》らかに保《たも》ち、修行《しゅぎょう》に集中《しゅうちゅう》する。これを「精進《しょうじん》」と言った。

日本の一般家庭《いっぱんかてい》で、仏式《ぶっしき》のお葬式《そうしき》をする場合には、今でも肉《にく》や魚を食べないで、野菜《やさい》や豆腐《とうふ》など植物性《しょくぶつせい》の材料《ざいりょう》で作った料理を食べる風習《ふうしゅう》がある。この料理を「精進《しょうじん》料理」という。そうして「精進《しょうじん》」の期間《きかん》が終わると、「精進落《しょうじんお》とし」といって、肉《にく》を食べたり、お酒《さけ》を飲んだりして、ふつうの生活に戻《もど》る。

「**精進《しょうじん》する**」というのは、戒律《かいりつ》を守《まも》り、ひたすら仏教《ぶっきょう》の道を求《もと》めて努力《どりょく》することを指《さ》していたのが、だんだん、ひとつのことに集中《しゅうちゅう》して努力《どりょく》を続けることを言うようになったのである。

「だいぶ腕《うで》を上げてきたが、一人前《いちにんまえ》の職人《しょくにん》になるためには、もう少し精進《しょうじん》しないといけないな」などと言うように、何かについて、ひたすら努力《どりょく》を積《つ》み重《かさ》ねることを言う。「精進《しょうじん》」は「修行《しゅぎょう》」よりも、もっと真剣《しんけん》に、わき目もふらずに取《と》り組《く》む、というような語感《ごかん》がある。

職人《しょくにん》になるために勉強することを「修行《しゅぎょう》」というが、そのために、毎日ひたすら努力《どりょく》するのは「精進《しょうじん》」というのがふさわしい。

清らかな　風習　戒律　ひたすら　腕を上げる　わき目もふらず

単語《たんご》ノート

僧《そう》	monk	僧侣	중 , 승려 , 스님
滝《たき》	waterfall	瀑布	폭포
真理《しんり》	the truth	真理	진리
学問《がくもん》	learning	学问	학문
一人前《いちにんまえ》の	qualified	够格的	한 사람 몫의 , 제 몫을 할 수 있는 , 어엿한
職人《しょくにん》	master of ...	工匠	장인
精神的《せいしんてき》な	mental	精神性的	정신적인
ふさわしい	appropriate	合适的	적합하다 , 걸맞다
武術《ぶじゅつ》	martial arts	武术	무술
究《きわ》める	master	钻研	경지 (극한) 에 이르다 , 깊이 연구하다
命《いのち》がけの	a do or-die ...	拼命	목숨을 건
ニュアンス	nuance	语感	뉘앙스
清《きよ》らかな	pure	纯洁的	맑은 , 깨끗한
風習《ふうしゅう》	custom	风俗习惯	풍습
戒律《かいりつ》	precepts	戒律	계율
ひたすら（～する）	devote oneself to ...	全心投入	한결같이
腕《うで》を上《あ》げる	develop one's skills	提高水平	실력을 높이다
わき目《め》もふらず	be completely devoted to ...	聚精会神	한눈 팔지 않고

武士道《ぶしどう》

関連《かんれん》キーワード　恥《はじ》

一六〇三年に徳川家康《とくがわいえやす》によって日本が統一《とういつ》され、江戸時代《えどじだい》（〜一八六八年）になると、日本では大きな戦争《せんそう》がなくなりました。そのため、武士《ぶし》は以前のように命《いのち》をかけて戦《たたか》う必要《ひつよう》がなくなりました。もともと、武士《ぶし》の務《つと》めは主人《しゅじん》のために敵《てき》と戦《たたか》うことだったので、戦争《せんそう》がない世《よ》の中《なか》でどう生きるべきか悩《なや》みました。そして戦争《せんそう》がなくなっても、それまでと同じように、社会の中で重要《じゅうよう》な地位《ちい》を保《たも》ち、誇《ほこ》りある生き方をするために、武士《ぶし》としての理想的《りそうてき》な姿《すがた》、精神的《せいしんてき》なあり方が追《つい》求《きゅう》されるようになりました。それが「**武士道《ぶしどう》**」です。

例1　現代《げんだい》の日本人は、**武士道《ぶしどう》の精神《せいしん》**を失《うしな》ったと言われている。

例2　死《し》を恐《おそ》れないのが**武士道《ぶしどう》**だと言われてきた。

武士道《ぶしどう》とは、「武士《ぶし》として生きる正しい道」のことで、たとえば、何事《なにごと》にも死《し》ぬことを恐《おそ》れな

命をかけて　地位　誇りある　理想的な　精神的な

いで勇敢《ゆうかん》に立《た》ち向《む》かったり、社会のリーダーとして恥《は》ずかしいことは絶対《ぜったい》にしないようにすることなどです。うそをついたり、誰《だれ》かをだましたり、自分の利益《りえき》のために卑怯《ひきょう》なことをしたりするのは、武士道《ぶしどう》に反《はん》することと考えられていました。

例3

A「本当にいいんですか？　約束《やくそく》ですよ」

B「大丈夫《だいじょうぶ》。**武士《ぶし》に二言《にごん》はないよ**」

「**武士《ぶし》に二言《にごん》はない**」（＝武士《ぶし》は一度言ったことは必《かなら》ず守《まも》る。言《い》い訳《わけ》などしない）、「**武士《ぶし》は食《く》わねど、高楊枝《たかようじ》**」（＝武士《ぶし》は、たとえお腹《なか》がすいていても、ほかの人にはまるで食後のように見せて、がまんする）といった表現《ひょうげん》は、今でもよく使われることわざですが、これらは武士道《ぶしどう》の考え方をよく表《あらわ》しています。

江戸時代《えどじだい》の武士《ぶし》は、幕府《ばくふ》（中央政府《ちゅうおうせいふ》）や藩《はん》（地方政府《ちほうせいふ》）の役人《やくにん》であり、上から支給《しきゅう》される米《こめ》だけで生活していたため、あまり裕福《ゆうふく》ではありませんでした。しかし、武士《ぶし》の身分《みぶん》は、農民《のうみん》や商人《しょうにん》よりも高かったため、農民《のうみん》や商人《しょうにん》たちから尊敬《そんけい》されるような生き方をしなければならない、と考えられていました。そのため、たとえ生活が苦《くる》しくても、お金のことを口にしたり、貧《まず》しいことに不満《ふまん》をもったりするのは、武士道《ぶしどう》に反《はん》する恥《は》ずかしいことだとされたのです。

勇敢　立ち向かう　だます　卑怯な　裕福

江戸時代《えどじだい》の武士《ぶし》は、戦国時代《せんごくじだい》の武士《ぶし》とは違《ちが》う意味で、つらい立場《たちば》にあったようですが、武士道《ぶしどう》という言葉は、江戸時代《えどじだい》が終わり、武士《ぶし》がいなくなった明治時代《めいじじだい》（一八六八〜一九一二年）になっても、日本人の心の中に生き続けました。特《とく》に一般《いっぱん》の人々にも広く知られるようになったのは、一九〇〇年に新渡戸稲造《にとべいなぞう》が英語で書いた〝Bushido: The Soul of Japan〟がきっかけです。この本が海外で高く評価《ひょうか》されたことにより、日本人もあらためて「武士道《ぶしどう》」を見直《みなお》すようになったのです。

もっと深く！

武士《ぶし》の起源《きげん》は、平安時代中期《へいあんじだいちゅうき》（十世紀頃《せいきごろ》）、自分たちの土地《とち》を守《まも》るために武器《ぶき》を持って戦《たたか》ったり、普段《ふだん》から武術《ぶじゅつ》の訓練《くんれん》をしていた集団《しゅうだん》にある。一一八五年、それまで天皇《てんのう》や貴族《きぞく》に近かった武士《ぶし》である「平家《へいけ》」に、東国《とうごく》の武士《ぶし》である「源氏《げんじ》」が勝利《しょうり》した。その後、源氏《げんじ》は武士《ぶし》として、天皇《てんのう》や貴族《ぞく》よりも大きな権力《けんりょく》を持つ「幕府《ばくふ》」という政府《せいふ》をつくり、将軍《しょうぐん》を頂点《ちょうてん》として日本全体を支配《しはい》するようになった。これが、「鎌倉幕府《かまくらばくふ》」（一一八五～一三三三年）である。武士《ぶし》が権力《けんりょく》をもつ幕府《ばくふ》という政治制度《せいじせいど》は、一九世紀中頃《せいきなかごろ》に江戸時代《えどじだい》が終わるまでの約《やく》七〇〇年間続いた。

武士《ぶし》の特徴《とくちょう》は、自分の土地《とち》を保証《ほしょう》してくれる主人《しゅじん》のために、命《いのち》をかけて戦《たたか》うということである。「**一所懸命**《いっしょけんめい》（＝一つの土地《とち》を守《まも》ることに命《いのち》をかける）」という言葉はそのことを意味しており、それが転《てん》じて、「一生懸命《いっしょうけんめい》」という言葉が生まれた。もともと武士《ぶし》は地方《ちほう》で自分の土地《とち》を持ち、そこで農業経営《のうぎょうけいえい》をしながら生活していた。だから、その土地《とち》を公認《こうにん》してくれる主人《しゅじん》に対する義《ぎ》務《む》として、命《いのち》をかけて戦《たたか》うという、いわばギブ・アンド・テイクの関係であった。

しかし、江戸時代《えどじだい》になると大きな戦争《せんそう》もなくなり、武士《ぶし》は「戦《たたか》う」という仕事を失《うしな》い、また都《と》市《し》で役人《やくにん》として生活するようになって、幕府《ばくふ》や藩《はん》から米《こめ》で給料《きゅうりょう》をもらうサラリーマンのようになってしまった。また、平和《へいわ》を維持《いじ》するために、中国の儒学《じゅがく》の思想《しそう》が尊《とうと》ばれ、主君《しゅくん》（＝主人《しゅじん》）に対して無条件《むじょうけん》で仕《つか》える「忠《ちゅう》」の考え方が重視《じゅうし》されるようになっていった。そういう中で、武士《ぶし》と

武術　貴族　権力　維持する　儒学の思想

は何であるのかがあらためて問《と》われ、その精神的《せいしんてき》な面《めん》がより強調《きょうちょう》され、美化《びか》されて「武士道《ぶしどう》」となったわけである。

「武士道《ぶしどう》というは死《し》ぬことと見つけたり」とは、江戸時代中期《えどじだいちゅうき》に書かれた『葉隠《はがくれ》』という本の中の有名な言葉で、武士《ぶし》はいつでも戦争《せんそう》に行って死《し》ぬ覚悟《かくご》で日常《にちじょう》生活を送るべきである、と主張《しゅちょう》している。

また、新渡戸稲造《にとべいなぞう》は『武士道《ぶしどう》』の中で、武士《ぶし》の身分《みぶん》について"Noblesse oblige"（＝名誉《めいよ》や地位《ちい》のある者に課《か》せられた責任《せきにん》や義務《ぎむ》）という言葉で説明している。それは社会の中で重要《じゅうよう》な地位《い》にあるものは、その責任《せきにん》も大きい、という武士《ぶし》の立場《たちば》を強調《きょうちょう》したものである。

美化する　覚悟　名誉　責任　義務

単語《たんご》ノート

命《いのち》をかけて（～する）	a do-or-die ...	拼命	목숨을 걸어
地位《ちい》	social status	地位	지위
誇《ほこ》りある	dignified	自豪感	긍지있는，자랑스런
理想的《りそうてき》な	ideal	理想的	이상적인
精神的《せいしんてき》な	mental	精神性的	정신적인
勇敢《ゆうかん》な	brave	勇敢的	용감한
立《た》ち向《む》かう	face	对抗　反抗	정면으로 맞서다，대항하다
だます	deceive	欺骗	속이다
卑怯《ひきょう》な	cowardly	卑怯的　无耻的	비겁한
裕福《ゆうふく》な	wealthy	富裕	유복한
武術《ぶじゅつ》	martial arts	武术	무술
貴族《きぞく》	the nobility	贵族	귀족
権　力《けんりょく》	power	权力	권력
維持《いじ》する	maintain	维持	유지하다
儒学《じゅがく》の思想《しそう》	Confusionist philosophy	儒教思想	유학 사상
美化《びか》する	beautify, glamorize	美化	미화하다
覚悟《かくご》	preparedness	决心	각오
名誉《めいよ》	honor	名誉	명예
責任《せきにん》	responsibility	责任	책임
義務《ぎむ》	duty	义务	의무

「すみません」――まず謝《あやま》ることが大切

＊オフィスで……

課長《かちょう》「鈴木《すずき》君《くん》、ちょっと……」

鈴木「はい、何でしょうか？」

課長「この書類《しょるい》、君《きみ》のハンコがないよ」

鈴木「あ、**失礼《しつれい》しました！**」

課長「これじゃ、部長《ぶちょう》のところに持って行けないじゃないか」

鈴木「**すみません**、ちょっと急《いそ》いでいたもので……」

課長「いつも言ってるじゃないか、書類《しょるい》には必《かなら》ずハンコを押《お》しなさいって……」

鈴木「はい、**大変申《たいへんもう》し訳《わけ》ありません**」

日本人は、他人《たにん》との間に何か問題が起きたとき、まず謝《あやま》らなければいけないと思っています。それは、相手《あいて》を大切にし、不愉快《ふゆかい》にならないように、「気をつかう」（↓p70）気持ちから来るものでしょう。お客《きゃく》さんや会社の上司《じょうし》などは、特《とく》に大切な人ですから、もし相手《あいて》が不満《ふまん》や苦情《くじょう》をいったら、何よりもまず謝《あやま》ることが大切なのです。それによって相手《あいて》に「誠意《せいい》や真心《まごころ》をもって対応《たいおう》します」ということを示《しめ》すのです。

具体的《ぐたいてき》な問題そのものの解決《かいけつ》も必要《ひつよう》ですが、その前に、相手《あいて》の気持ちや感情《かんじょう》に対して配慮《はいりょ》することが大切なのです。ですから逆《ぎゃく》に謝《あやま》らなかったり、自分は悪《わる》くないのだ、というような言《い》い訳《わけ》をしたりすると、どんなに小さなことでも、相手《あいて》は怒《おこ》ります。そして感情的《かんじょうてき》になると、本当は簡単《かんたん》に解決《かいけつ》できるはずの問題でも、複雑化《ふくざつか》してしまいます。

「お詫《わ》びの言葉もなかった」というのは、はじめに相手《あいて》が謝《あやま》らなかったために怒《おこ》っているときの「決まり文句《もんく》」です。

「簡単《かんたん》に謝《あやま》ると自分に不利《ふり》になることが多いので、謝《あやま》らないほうがいい」という考え方の文化もあるようですが、日本では、どんなに理論的《りろんてき》な説明も言《い》い訳《わけ》と思われることが多く、誠意《せいい》をもって謝《あやま》ることのほうが重要《じゅうよう》だと考えられています。

言《い》い訳《わけ》するより、まず謝《あやま》る。それが、「いさぎよさ」（↓p181）を好《この》む日本人の感性《かんせい》なのです。

第七章

日本人の価値観《かちかん》

品《ひん》

関連《かんれん》キーワード
控《ひか》えめ　遠慮《えんりょ》　派手《はで》・地味《じみ》

日本人が何かを評価《ひょうか》するときによく使う表現に、「良《よ》い」「悪《わる》い」のほか、「**品《ひん》がある**」「**品《ひん》がない**」があります。

「**品《ひん》**」を使った言葉には、「上品《じょうひん》」「下品《げひん》」「品位《ひんい》」「品格《ひんかく》」「品性《ひんせい》」などがあり、どれも人の態度《たいど》や行動、物の様子《ようす》などを評価《ひょうか》するときに使う言葉ですが、それでは品《ひん》とは何か、と聞かれると、一言《ひとこと》で説明するのはなかなか難《むずか》しいものです。

例1　あの女優《じょゆう》は、話し方に**品《ひん》があって**好感《こうかん》が持てる。
例2　彼女《かのじょ》はハンバーガーを食べるときでも**上品《じょうひん》に**食べる。
例3　そんな**下品《げひん》な**テレビ番組を見るんじゃありません！

たとえば、「彼女《かのじょ》は品《ひん》がある」と言ったとき、人によって思《おも》い浮《う》かべるイメージは多少違《たしょうちが》うかもしれませんが、その「品《ひん》」は、見た目がいいとか、きれいだとかという表面的《ひょうめんてき》なものではなく、彼女《かのじょ》の言葉づかいや態度《たいど》・行動に表《あらわ》れた内面的《ないめんてき》な美《うつく》しさを指《さ》しています。

逆《ぎゃく》に、「品《ひん》がない」「下品《げひん》だ」「品位《ひんい》に欠《か》ける」「品格《ひんかく》がない」と言われるような人はどんな人か考えてみると、たとえば、公共《こうきょう》の場で大声で話したり、人前《ひとまえ》で自分の感情《かんじょう》をむき出《だ》しにするなど、周囲《しゅうい》の迷惑《めいわく》を考えない行動や態度《たいど》をとる人、自分がお金持《かねも》ちであることを自慢《じまん》する人、他人《たにん》が聞いて不愉快《ふゆかい》になるような内容《ないよう》の話を平気《へいき》でする人などです。

物に対しても「品《ひん》がある」という表現はよく使います。たとえば、服や絵やコップなど、「派《は》手《で》で華《はな》やかなものではなく、落《お》ち着《つ》いていて美《うつく》しいもの」に対して、単《たん》に「きれいだ」というよりも、「品《ひん》がある」という褒《ほ》め言葉を使うのです。

例4　この着物《きもの》は、ほかのと比《くら》べてデザインは地味《じみ》だが、**品《ひん》があって美《うつく》しい**。
例5　部屋《へや》に飾《かざ》る絵は、派手《はで》なものよりも、**品《ひん》があって飽《あ》きない**ものがいい。

日本人は一般《いっぱん》に、「控《ひか》えめ」（→P116）であることを好《この》みます。それは自分の感情《かんじょう》を抑《おさ》えることだったり、自分の意見を強く主張《しゅちょう》するのを控《ひか》えることだったり、「遠慮深《えんりょぶか》く」（→p65）ふるまうことだったりします。また物に対しても、明るい鮮《あざ》やかな色や、金《きん》のようにピカピカした目立《めだ》つ

内面的な　むき出しにする　自慢する　不愉快な
華やかな　抑える

物、つまり派手《はで》なものより、抑《おさ》えた地味《じみ》なものを好《この》みます（「派手《はで》・地味《じみ》」→p169）。

日本人のこのような価値観《かちかん》が、「品《ひん》」という言葉で表《あらわ》されるのです。「品《ひん》」とは、他人《たにん》に配慮《はいりょ》したり、つつましく、控《ひか》えめであったりするような内面《ないめん》の美《うつく》しさが、その人の行動や態度《たいど》、しぐさなどに自然《しぜん》に現《あらわ》れた好《この》ましい感《かん》じ、と言えるでしょう。物についても、あまり目立《めだ》たないけれど、抑《おさ》えた美《うつく》しさが感《かん》じられるものを品《ひん》があるといいます。「品《ひん》がある」と言われると、日本人はとても喜《よろこ》び、「品《ひん》がない」と言われるのは、とても恥《は》ずかしいことだと感《かん》じます。

「品《ひん》がある」「上品《じょうひん》だ」に近い言葉に「**おくゆかしい**」があります。人間が怒《おこ》ったり、悲《かな》しんだりするのは自然《しぜん》なことですが、その感情《かんじょう》や欲望《よくぼう》をそのまま出すのは、やはり「品《ひん》がない」と思うのが日本人です。たとえば、じっと自分の感情《かんじょう》を抑《おさ》えることができるような人、他人《たにん》に心配《こころくば》りができるような人、そのような人の態度《たいど》や行動の奥《おく》にある心の美《うつく》しさが感《かん》じられて好《この》ましいことを、「おくゆかしい」と言うのです。

品《ひん》がない行動を批判《ひはん》する言葉に、「**はしたない**」があります。この「はしたない」は、大人なのに人前《ひとまえ》で大声《おおごえ》で泣《な》いたり、パーティの席《せき》で高級《こうきゅう》なものだけをガツガツと食べたりしたときなどに使われ、抑《おさ》えるべき感情《かんじょう》を表《おもて》に出したり、隠《かく》すべき欲望《よくぼう》をむき出しにしたりすることを非常《ひじょう》に嫌《きら》う日本人の感性《かんせい》がよく表《あらわ》れた言葉と言えるでしょう。

📖 価値観　配慮する　しぐさ　欲望　ガツガツと

単語《たんご》ノート

内面的《ないめんてき》な	inner	内面性的	내면적인
むき出《だ》しにする	lay ... bare, show uncontrolled emotion	露出	노출하다 , 드러내다
自慢《じまん》する	boast	自夸	자랑하다
不愉快《ふゆかい》な	unpleasant	不愉快的	불쾌한
華《はな》やかな	gorgeous	鲜艳华丽	화려한
抑《おさ》える	restrain	抑制	억제하다 , 누르다
価値観《かちかん》	one's sense of values	价值观	가치관
配慮《はいりょ》する	make considerations for	关怀 考虑	배려하다
しぐさ	gesture	动作 行为	모습 , 표정
欲望《よくぼう》	desire	欲望	욕망
ガツガツと	greedily	狼吞虎咽	걸신들린듯이

やまとなでしこ

関連《かんれん》キーワード
控《ひか》えめ　品《ひん》

女子サッカーの日本代表《だいひょう》はワールドカップでも活躍《かつやく》し、世界でも有名ですが、そのチームは「なでしこジャパン」という名前で親《した》しまれており、日本の女子サッカーリーグも「なでしこリーグ」と呼《よ》ばれています。この「なでしこ」は、美《うつく》しい日本女性を指《さ》すときの代名詞《だいめいし》「**やまとなでしこ**」からきた言葉です。

「やまと（大和）」とは、「日本」という意味の古い言葉です。「大和《やまと》言葉（＝日本に元《もと》からある言葉）」や、「大和魂《やまとだましい》（＝日本人本来《ほんらい》の意識《いしき》や精神《せいしん》）」など、昔《むかし》から日本にあるものを指《さ》すときによく使われます。「やまとなでしこ」はもともと、初夏《しょか》に薄《うす》いピンク色の小さなかわいい花をつける野草《やそう》の名前で、「なでしこ」とも呼《よ》ばれています。控《ひか》えめ（→p116）で上品《じょうひん》（→p162）な美《うつく》しさのあるこの花を日本女性と重《かさ》ね合《あ》わせ、美《うつく》しくて理想的《りそうてき》な日本女性の代名詞《だいめいし》として「やまとなでしこ」という言葉が使われるようになりました。

代名詞　精神　野草　重ね合わせる　理想的な

例1　彼女《かのじょ》こそ、まさに**やまとなでしこ**、すばらしい人だ。

「やまとなでしこ」は、理想的《りそうてき》な日本女性を指《さ》す言葉ですが、その条件《じょうけん》のひとつとしてよく挙《あ》げられるのが「しとやかさ」です。「**しとやか**」というのは、言葉や態度《たいど》・性格《せいかく》などが静《しず》かで落《お》ち着《つ》いており、控《ひか》えめで上品《じょうひん》な女性の様子《ようす》を表《あらわ》した言葉で、昔《むかし》は「しとやかさ」はよく理想《りそう》の結婚《けっこん》相手《あいて》の条件《じょうけん》として挙《あ》げられていました。

例2　結婚《けっこん》するなら、**しとやかで**家庭的《かていてき》な女性がいいです。

かつて、しとやかな日本女性は外国人男性にとってもあこがれの的《まと》でした。しかし現代《げんだい》では、女性の社会進出《しんしゅつ》が進み、女性に対する社会的な評価《ひょうか》も多様化《たようか》してきたため、必《かなら》ずしも「理想的《りそうてき》な日本人女性＝しとやか」というわけでもなくなってきました。「やまとなでしこ」は、日本の伝統的《でんとうてき》な理想《りそう》の女性像《ぞう》なのです。

📖あこがれの的　多様化する

単語《たんご》ノート

代名詞《だいめいし》	pronoun, byword	代名词	대명사
精神《せいしん》	spirit	精神	정신
野草《やそう》	wild grass, wild flower	野草	야생초
重《かさ》ね合《あ》わせる	overlay, combine	重复	포개다 , 연상케 하다
理想的《りそうてき》な	ideal	理想的	이상적인
あこがれの的《まと》	someone or something that anyone would admire or yearn for	憧憬的目标	동경의 대상
多様化《たようか》する	diversify	使多样化	다양화되다

派《は》手《で》・地《じ》味《み》

赤・黄・青などの明るく鮮《あざ》やかな色を「派《は》手《で》な色」、カラフルな色や目立《めだ》つ模様《もよう》があるような服を「派《は》手《で》な服」と言います。つまり、「**派手**《はで》」とは、「人目《ひとめ》につく」というような意味で、人の様子《ようす》や態度《たいど》、行動についても使います。

例1　彼《かれ》はいつも**派手**《はで》なことばかりするので、上司《じょうし》はいつもひやひやしている。
例2　芸能人《げいのうじん》は生活が**派手**《はで》だと思われているが、みながそうとは限《かぎ》らない。

「派手《はで》なこと」というのは「目立《めだ》つような行動」、「派手《はで》な生活」というのは「豪華《ごうか》で人目《ひとめ》をひくような生活」、「派手《はで》な性格《せいかく》」というのは「自分の感情《かんじょう》や好《す》き嫌《きら》いを隠《かく》さずに強く出すような性格《せいかく》」という意味です。「派手《はで》」という言葉を人に対して使う場合は、一般的《いっぱんてき》にあまりいいイメージではありません。「もっと控《ひか》えめにするべきなのに」というような気持ちが含《ふく》まれています。

関連《かんれん》キーワード
控《ひか》えめ

ひやひやする　豪華な

「派手《はで》」の反対《はんたい》は「**地味**《じみ》」で、目立《めだ》たない、抑《おさ》えた感《かん》じのことを言います。

たとえば、ビジネスマナーの本にはよく「会社では派手《はで》なお化粧《けしょう》は避《さ》けましょう」とか、「スーツは地味《じみ》な色のものを選《えら》びましょう」などと書いてあります。相手《あいて》に印象《いんしょう》づけるために意図的《いとてき》に派手《はで》にする場合もありますが、一般的《いっぱんてき》にビジネスの場面では、地味《じみ》で控《ひか》えめな格好《かっこう》のほうが好《この》まれます。

日本人は基本的《きほんてき》に、派手《はで》なものよりも地味《じみ》なものを好《この》む傾向《けいこう》があると言えます。しかしながら、積極性《せっきょくせい》や現代的《げんだいてき》な個性《こせい》が求《もと》められるような場面で、「あの人って**地味《じみ》だよね**」とか、「その洋服、ちょっと**地味《じみ》じゃない？**」などと言われたら、それは「つまらない」「おもしろくない」というような意味になるので注意が必要《ひつよう》です。

「地味《じみ》」に似《に》た言葉に、「**渋《しぶ》い**」があります。「渋《しぶ》い」とは、濃《こ》いお茶を飲んだり、熟《じゅく》していない柿《かき》などを食べたりしたときに感《かん》じる味覚《みかく》を指《さ》す言葉ですが、「渋《しぶ》い色」「渋《しぶ》いファッション」「渋《しぶ》い男性」「渋《しぶ》い生き方」のように使った場合、「派手《はで》でなく、落《お》ち着《つ》いていて、深《ふか》い味《あじ》わいがある」といういい評価《ひょうか》を表《あらわ》します。

例3　若《わか》いのにバッハが好きだなんて、なかなか**渋《しぶ》い**ね。

抑える　印象づける　意図的に　個性　熟す　柿

例3の「渋《しぶ》い」は、「若《わか》い人はふつう、ポップスやロックなどの派手《はで》な音楽が好きなのに、バッハが好きだというあなたはセンスがいい」と褒《ほ》めているのです。

そのほかにも日本語には、「素朴《そぼく》」「飾《かざ》り気《け》がない」「品《ひん》がいい」「上品《じょうひん》」など、「派手《はで》でない」ものを評価《ひょうか》する言葉がいろいろあります。

日本画《にほんが》や茶道《さどう》のような日本の伝統《でんとう》文化の方面でも、派手《はで》で豪華《ごうか》な美《うつく》しさよりも、地味《じみ》で簡素《かんそ》なもののほうがより高い評価《ひょうか》を受けます。よく日本文化を紹介《しょうかい》するときに、ほとんど装飾品《そうしょくひん》のない茶室《ちゃしつ》や石庭《せきてい》、あるいは古い静《しず》かな寺院《じいん》などが取《と》り上《あ》げられますが、そこに見られるような美的《びてき》価値《かち》を「**わび・さび**」と言います。

「わび」と「さび」は一緒《いっしょ》に使われることが多いのですが、意味は少し異《こと》なります。

「**わび**」は、現代語《げんだいご》で「侘《わび》しい」という形容詞《けいようし》があるように、貧《まず》しい、みすぼらしい、もの足《た》りないというような、あまりよくないイメージの言葉でした。けれども、茶道《さどう》や俳句《はいく》の世界を中心に、「豪華《ごうか》で派手《はで》なものよりも、自然《しぜん》なものや質素《しっそ》なものの方が美《うつく》しい」という美意識《びいしき》が生まれ、「わび」として尊重《そんちょう》されるようになりました。

一方《いっぽう》「**さび**」は、現代語《げんだいご》に「寂《さび》しい」とか「寂《さび》れる」などの言葉があるように、人気《ひとけ》がないとか、静《しず》かで孤独《こどく》だ、というような意味でした。しかし、世間《せけん》から離《はな》れてひっそりと静《しず》かに暮《く》らす生活や、古くて枯《か》れたようなものの中に、本当の人間らしさや美《び》を見つけ出し、それを「さび」

📖 素朴な　簡素な　装飾品　美的価値　みすぼらしい
質素な　美意識

と呼《よ》んだのです。
日本人は、派手《はで》で贅沢《ぜいたく》なものではなく、古いもの、簡素《かんそ》なもの、静《しず》かなもの、自然《しぜん》なものの中に味《あじ》わい深《ぶか》い美《び》を発見《はっけん》し、それを高く評価《ひょうか》してきました。それが「わび・さび」と言われるものなのです。日本の美《び》を語《かた》るときのキーワードと言えるでしょう。

贅沢な

もっと深く！

鎌倉《かまくら》時代末期《じだいまっき》の有名《ゆうめい》な随筆家《ずいひつか》、吉田兼好《よしだけんこう》の書いた『徒然草《つれづれぐさ》』に、

「花はさかりに、月はくまなきをのみ見るものかは（＝満開《まんかい》の桜《さくら》や満月《まんげつ》だけがいいわけではない）」

という一節《いっせつ》がある。日本人には昔《むかし》からこのような、ある種《しゅ》の不完全《ふかんぜん》なもの、はかないものに美《び》を見る感覚《かんかく》がある。

また、一見地味《いっけんじみ》だが、実力《じつりょく》や魅力《みりょく》がある男性を「（あの人は）いぶし銀《ぎん》のような味《あじ》がある」と言う。「**いぶし銀《ぎん》**」とは、銀《ぎん》の表面《ひょうめん》を煙《けむり》で黒くして、わざと輝《かがや》きを消したもののことであるが、キラキラと輝《かがや》く派手《はで》なものよりも、地味《じみ》で古びたものを好《この》む日本人の感性《かんせい》が、このような褒《ほ》め言葉に表《あらわ》れている。

中国の宋《そう》から入った「茶《ちゃ》の湯《ゆ》」は最初《さいしょ》、人を招《まね》いてお茶をたてるだけのものだったが、簡素《かんそ》を重《おも》んじる禅《ぜん》の思想《しそう》や、生死《せいし》の間に真《しん》の生き方を求《もと》めようとする武士《ぶし》の心と深《ふか》く結《むす》びつき、「わび・さび」を第一とする芸術《げいじゅつ》にまで高められ、現代《げんだい》の「茶道《さどう》」につながっていった。

日本の「禅文化《ぜんぶんか》」を世界に紹介《しょうかい》した鈴木大拙《すずきだいせつ》は、その著《ちょ》『禅《ぜん》と日本文化』の中で、「わび・さび」を「貧乏《びんぼう》の美的趣味《びてきしゅみ》である」と定義《ていぎ》している。

「**清貧《せいひん》に甘《あま》んずる**」という言い方があるが、これは「金《かね》もうけのためにあくせくするよりも、貧《びん》

随筆家　はかない　禅の思想　あくせくする

乏《ぼう》でも清《きよ》く正しい生き方を楽しむ」という意味である。このような言葉が好《この》まれるところにも、「わび・さび」の世界を尊《とうと》ぶ日本人の心を見ることができる。

単語《たんご》ノート

ひやひやする	be in a state of nervous anticipation	担心	조마조마하다
豪華《ごうか》な	luxurious	豪华的	호화스러운
抑《おさ》える	restrain	抑制	억제하다 , 누르다
印象《いんしょう》づける	impress	留下印象	강한 인상을 심어주다
意図的《いとてき》に	intentionally	故意地	의도적으로
個性《こせい》	individuality	个性	개성
熟《じゅく》す	mature	成熟	익다
柿《かき》	the Japanese persimmon	柿子	감
素朴《そぼく》な	innocent	朴素的	소박한
簡素《かんそ》な	plain	简朴的	간소한
装飾品《そうしょくひん》	ornament	装饰品	장식품
美的価値《びてきかち》	aesthetic values	美的价值	미적가치
みすぼらしい	shabby	破旧的	초라하다 , 볼품없다
質素《しっそ》な	plain	简朴的	간소한
美意識《びいしき》	sense of beauty	美的意识	미의식
贅沢《ぜいたく》な	luxurious	奢侈	사치스러운
随筆家《ずいひつか》	essayist	散文家	수필가
はかない	fleeting	短暂	허무하다 , 덧없다 , 무상하다
禅《ぜん》の思想《しそう》	Zen philosophy	禅的思想	젠 (禪) 사상
あくせくする	work hard	忙忙碌碌	악착같이하다

恩《おん》・義理《ぎり》

関連《かんれん》キーワード
つきあい　礼儀《れいぎ》

日本人は一般《いっぱん》に、誰《だれ》かに何かを「してあげた」「してもらった」という感覚《かんかく》が強いようで、実《じっ》際《さい》に何かをしてもらったそのときにお礼《れい》を言うだけでなく、一週間、二週間たった後でも、あらためて、「この前はありがとうございました」とお礼《れい》を言うことがよくあります。そのような習《しゅう》慣《かん》のない文化圏《ぶんかけん》の人は、なぜそんな昔《むかし》のことを話題《わだい》に出すのかと驚《おどろ》くようですが、日本人は、どんなに小さなことでも、人が自分のためにしてくれたことを嬉《うれ》しい、ありがたいと思い、いつまでも忘《わす》れないことが大切だと思っています。これを「**恩**《おん》」と言います。

そして自分が受けた「恩《おん》」の程度《ていど》によっては「お返《かえ》し」が必要《ひつよう》で、何か物を贈《おく》ったり、相手《あいて》が困《こま》っているときに助《たす》けたりします。それを「**恩返《おんがえ》し**」といいます。お世話《せわ》になった人にお礼《れい》やお返《かえ》しをしないと、「**恩知《おんし》らず**」と批判《ひはん》されることになるでしょう。

例1　早く自立《じりつ》して、今まで育《そだ》ててくれた両親《りょうしん》に**恩返《おんがえ》し**がしたい。

文化圏

例2　**お世話《せわ》になった人を裏切《うらぎ》るなんて、なんて恩知《おんし》らずなやつだ。**

誰《だれ》かにお世話《せわ》になったり、助《たす》けてもらったりしたとき、その人に対して自分が受けた「恩《おん》」を返《かえ》さなければいけないと思うように、当然《とうぜん》しなければいけないことを「義理《ぎり》」と言い、その人に対して「義理《ぎり》がある」とか「恩義《おんぎ》がある」と言います。

例3　**あの人には義理《ぎり》があるので、頼《たの》みを断《ことわ》れない。**

「義理《ぎり》」はもともと、人が守《まも》るべき正しい道理《どうり》やその社会で当然《とうぜん》とされているルール、というような意味ですが、日常《にちじょう》生活で使われる場合は、世間《せけん》や対人《たいじん》関係の中で当然《とうぜん》するべきだと思われている事柄《ことがら》を言います。「恩《おん》を受けたら返《かえ》す」とか、「結婚《けっこん》する人にはお祝《いわ》いを送る」とか、人間同士《どうし》の「つきあい」（↓p88）の中で、当然《とうぜん》しなければならない習慣《しゅうかん》などのことです。

例4　**後輩《こうはい》の吉田君《よしだくん》はとても義理堅《ぎりがた》くて、旅行に行くと必《かなら》ずおみやげを買ってきてくれる。**

たとえば旅行に行ったときに、日頃《ひごろ》お世話《せわ》になっている人に、おみやげを買ってきてお礼《れい》の気

📖 裏切る　道理

持ちを表《あらわ》すなど、相手《あいて》からの「恩《おん》」にお返《かえ》しすることや、その社会で習慣《しゅうかん》としてすべきことをきちんとする人は、「義理堅《ぎりがた》い」と褒《ほ》められます。逆《ぎゃく》に、そうでない場合は、「礼儀《れいぎ》」（↓p97）を知らないと思われます。義理《ぎり》の感覚《かんかく》は、それほど日本社会において大切なものなのです。

例5　忙《いそが》しさのあまり、お世話《せわ》になった人にずっと連絡《れんらく》ができずに義理《ぎり》を欠《か》いている。

当然《とうぜん》するべきつきあいや世間《せけん》の約束事《やくそくごと》などをしないことを「**義理《ぎり》を欠《か》く**」と言います。日本人は冠婚葬祭《かんこんそうさい》（＝結婚式《けっこんしき》や葬式《そうしき》など）をとても大切にしますが、そのとき習慣上《しゅうかんじょう》すべきことに特《とく》に注意し、「義理《ぎり》を欠《か》く」ことのないようにします。たとえば、お世話《せわ》になった人が亡《な》くなったら、何をおいてもお通夜《つや》やお葬式《そうしき》に参列《さんれつ》する、結婚《けっこん》や出産《しゅっさん》などのお祝《いわ》い事《ごと》があったら、できるだけ早くお祝《いわ》いの品《しな》を送るといったことは、非常《ひじょう》に大切なことです。

日本の結婚式《けっこんしき》はご祝儀《しゅうぎ》（＝お祝《いわ》いとして包《つつ》むお金）が高額《こうがく》なことで有名ですが、結婚《けっこん》する人がもっとも多い三十歳前後《さいぜんご》には、友人や同僚《どうりょう》の結婚式《けっこんしき》に続けて参列《さんれつ》して「ご祝儀貧乏《しゅうぎびんぼう》」となる人が多いようです。しかし、いくら金銭的《きんせんてき》に苦《くる》しくても、招待《しょうたい》されたらよほどの事情《じじょう》がない限《かぎ》り、断《ことわ》らずに出席《しゅっせき》します。

このようなところにも、日本社会の「義理《ぎり》」の意識《いしき》が色濃《いろこ》く表《あらわ》れています。

📖 お通夜　参列する

もっと深く！

日本では、二月十四日のバレンタインデーに、女性が好意《こうい》を持つ男性にチョコレートをプレゼントする習慣《しゅうかん》がある。それと同時《どうじ》に、女性が、男性の友人や会社の先輩《せんぱい》などにチョコレートを配《くば》ることがあるが、それは「**義理《ぎり》チョコ**」と呼《よ》ばれる。好《す》き嫌《きら》いではなく、社会の習慣《しゅうかん》から「義理《ぎり》であげるチョコレート」なのである。

「義理《ぎり》」という言葉は、このように本心《ほんしん》からではなく、「義務《ぎむ》だから」「しかたなく」というニュアンスを持つことがしばしばある。

「**義理《ぎり》と人情《にんじょう》の板挟《いたばさ》み**」という言い方がある。たとえば、泥棒《どろぼう》を捕《つか》まえたら我《わ》が子《こ》だったという場合、かわいい我《わ》が子《こ》を犯人《はんにん》にしたくないのは「人情《にんじょう》」だが、だからといって逃《に》がしたら社会のルール、つまり「義理《ぎり》」に反《はん》することになる。そこで「義理《ぎり》」と「人情《にんじょう》」の間で「板挟《いたばさ》み」になり、苦《くる》しむことになる。

歌舞伎《かぶき》や浄瑠璃《じょうるり》など、日本には昔《むかし》からこの「義理《ぎり》と人情《にんじょう》」をテーマにした物語《ものがたり》がたくさんあるが、それほど、義理《ぎり》は人情《にんじょう》と対立《たいりつ》することが多かったということであろう。

本心　ニュアンス　人情　板挟み　対立する

単語《たんご》ノート

文化圏《ぶんかけん》	cultural sphere	文化圈	문화권
裏切《うらぎ》る	betray	出卖	배신하다
道理《どうり》	reason	道理	도리
お通夜《つや》	the Wake: the custom of having those who were close to the deceased to spend the night with the departed before cremation	守灵	(상가에서의)밤샘
参列《さんれつ》する	attend	列席	참례하다, 참석하다
本心《ほんしん》	genuine feeling	心里话	본심
ニュアンス	nuance	语感	뉘앙스
人情《にんじょう》	humanity	人情	인정, 인지상정
板挟《いたばさ》み	dilemma	两头为难	딜레마, 둘 사이에 껴 이러지도 저러지도 못함
対立《たいりつ》する	opposition	对立	대립하다

いさぎよい

関連《かんれん》キーワード
武士道《ぶしどう》　けじめ　恥《はじ》

日本では、ある会社が何か問題を起こしたとき、その会社の社長がすぐに頭を下げて謝《あやま》る姿《すがた》が、よくテレビで報道《ほうどう》されます。これはほかの国ではあまり見られない光景《こうけい》かもしれません。「不利《ふり》になるから、できるだけ謝《あやま》らないほうがいい」、「謝罪《しゃざい》は後でいいから、先に説明すべきだ」などと、この光景《こうけい》をふしぎに思う人も多いでしょう。

しかし日本では、少しでも自分に悪《わる》いところがあったら、いろいろと言《い》い訳《わけ》をしないで、素直《すなお》に（→p35）責任《せきにん》を認《みと》めて謝罪《しゃざい》したほうがいい、と考えられています。このような態度《たいど》を、「**いさぎよい**」と言います。反対《はんたい》に、何か悪《わる》いことをしたのに、いつまでも謝罪《しゃざい》の言葉もなく長々《ながなが》と言《い》い訳《わけ》をすることは、「いさぎよくない」態度《たいど》だと考えられ、相手《あいて》に非常《ひじょう》に悪《わる》い印象《いんしょう》を与《あた》えます。

例1　その会社の社長は、自社に責任《せきにん》があることを**いさぎよく**認《みと》めて、謝罪《しゃざい》した。

例2　試合《しあい》に負《ま》けて言《い》い訳《わけ》をするなんて、**いさぎよくない**。

不利　謝罪（する）　責任　印象

以前、日本でエレベーターの事故《じこ》で人が亡《な》くなったとき、そのエレベーターを作った外国企《き》業《ぎょう》の社長（その人は外国人でした）は、テレビで謝罪《しゃざい》するよりも先に事故《じこ》が起きた原因《げんいん》を説明し始めました。この社長は、それから一週間以上たってようやく謝罪《しゃざい》の言葉を口にしたのですが、日本人から見ると、このような原因《げんいん》の説明は言《い》い訳《わけ》に聞こえ、いさぎよい態度《たいど》とはとても思われないので、大きな問題となりました。

「いさぎよさ」というのは、武士《ぶし》の時代《じだい》には特《とく》に重要《じゅうよう》なことと考えられていました。

武士《ぶし》は主人《しゅじん》のために戦《たたか》うのが務《つと》めですから、戦《たたか》いに負《ま》けたら、思い切って死《し》ぬのがいさぎよいことで、逃《に》げたり、自分を殺《ころ》さないように敵《てき》に頼《たの》んだりするのは、とても恥《は》ずかしいことだと思われていたのです。

謝罪会見

そのことがよく表《あらわ》れた行動が有名な「切腹《せっぷく》（＝腹《はら》を刀《かたな》で切って自殺《じさつ》すること）」です。何か過《あやま》ちを犯《おか》したり、自分の責任《せきにん》を果《は》たすことができなかった場合、武士《ぶし》は言《い》い訳《わけ》したりせずに切腹《せっぷく》するのが、いさぎよいと考えられていました。

また、いさぎよいものと言えば、日本人なら桜《さくら》をまず考えます。桜《さくら》の花はいっぺんに満開《まんかい》になった後、すぐに散《ち》ってしまいます。色が悪《わる》くなっても散《ち》らないで、

過ちを犯す

いつまでも咲《さ》いているような花と違《ちが》って、パッと咲《さ》いてパッと散《ち》る桜《さくら》の花を「いさぎよい」と考えるのです。それが、日本人が桜《さくら》を愛《あい》する理由《りゆう》のひとつです。

日本の政治家《せいじか》は、少しでも問題を起こしたら、世間《せけん》からすぐに辞任《じにん》するよう求《もと》められます。責《せき》任《にん》を曖昧《あいまい》にしたり、言《い》い訳《わけ》をしたりして政治家《せいじか》の地位《ちい》にこだわるのでなく、いさぎよく辞任《じにん》するのが、ひとつの「けじめ」（↓p30）であると考えるからです。

辞任する　曖昧にする　地位　こだわる

もっと深く！

「いさぎよさ」は武士《ぶし》の道徳《どうとく》の中で、もっとも重要《じゅうよう》な観念《かんねん》であると言っていい。

武士《ぶし》の務《つと》めは戦《たたか》うことであり、死《し》を恐《おそ》れずに勇敢《ゆうかん》に戦《たたか》うことこそ、武士《ぶし》の理想的《りそうてき》な姿《すがた》であった。したがって、戦《たたか》いに勝《か》つために最大《さいだい》の努力《どりょく》を払《はら》ったにもかかわらず、運悪《うんわる》く負《ま》けた場合、敵《てき》の前で逃《に》げたり、敵《てき》に命乞《いのちご》いをする（＝自分を殺《ころ》さないように頼《たの》む）ようなことはせず、名誉《めいよ》あるものとしてむしろ死《し》を選《えら》んだ。このような態度《たいど》を「いさぎよい」と褒《ほ》めたのである。

「敵《てき》に後ろを見せる（＝敵《てき》に自分の背中《せなか》を見せる）」というのは、武士《ぶし》が敵《てき》を恐《おそ》れて逃《に》げることを意味する言葉だが、これは、武士《ぶし》にとってもっとも「恥《はじ》」だと思われていた（「恥《はじ》」↓p49）。一《いっ》生懸命《しょうけんめい》に戦《たたか》って負《ま》けたなら、いさぎよく死《し》ぬべきだ、というのが当時《とうじ》の武士《ぶし》の考え方であったのである。

ルース・ベネディクトは、その著《ちょ》『菊《きく》と刀《かたな》』の「戦争中《せんそうちゅう》の日本人」のところで、日本人の無降《むこう》伏主義《ふくしゅぎ》について語《かた》っている。日本人は、アメリカ軍《ぐん》が戦闘機《せんとうき》に救命具《きゅうめいぐ》を備《そな》えつけているのを卑《ひ》怯《きょう》だと考えることに触《ふ》れ、日本人にとって「名誉《めいよ》とはすなわち、死《し》に至《いた》るまでたたかうことであった」と指摘《してき》している。

道徳　観念　勇敢な　理想的な　名誉　無降伏主義
戦闘機　救命具　卑怯な

単語《たんご》ノート

不利《ふり》	disadvantage	不利	불리
謝罪《しゃざい》（する）	apologize	道歉	사죄（하다）
責任《せきにん》	responsibility	责任	책임
印象《いんしょう》	impression	印象	인상
過《あやま》ちを犯《おか》す	commit an error	犯错误	과오를 범하다，실수하다
辞任《じにん》する	resign	辞职	사임하다
曖昧《あいまい》にする	obscure	不明确	애매하게 하다
地位《ちい》	social status	地位	지위
こだわる	cling to	拘泥 固执	집착하다，구애되다
道徳《どうとく》	ethics	道德	도덕
観念《かんねん》	notion	观念	관념
勇敢《ゆうかん》な	brave	勇敢的	용감한
理想的《りそうてき》な	ideal	理想的	이상적인
名誉《めいよ》	honor	名誉	명예
無降伏主義《むこうふくしゅぎ》	the no surrender policy	不投降主义	무항복주의
戦闘機《せんとうき》	combat airplane	战斗机	전투기
救命具《きゅうめいぐ》	lifesaving equipment	救生设备	구명장비
卑怯《ひきょう》な	cowardly	卑怯的 无耻的	비겁한

もったいない

たとえば、お菓子《かし》をちょっと食べただけで残《のこ》りを捨《す》ててしまったり、少ししみや汚《よご》れがあるだけの服を着なくなったりしたとき、「まだ食べられるのに……」とか「まだ着ることができるのに……」と思いますが、その「惜《お》しい」という気持ちを表《あらわ》す言葉が「**もったいない**」です。

例1　このパソコン、まだ動《うご》くのに処分《しょぶん》するなんて、**もったいない**。

例2　こんなに涼《すず》しいのにクーラーをつけるなんて**もったいない**。

例3　試験の前なので、おしゃべりする時間も**もったいない**と思う。

まだ使えるもの、まだ食べられるもの、有益《ゆうえき》なもの、価値《かち》あるものが無駄《むだ》になるのを惜《お》しむ気持ちを、「もったいない」と言います。例1は機械《きかい》を、例2は電気《でんき》を、例3は勉強《べんきょう》する時間をもっと大切にしないといけないと注意して言っているのです。

しみ　惜しむ　有益な　価値　無駄になる

日本では昔《むかし》から、日常《にちじょう》生活において物を大切に使うように、無駄《むだ》づかいをしないように、と強く戒《いまし》められてきました。たとえば昔《むかし》は「お下がり」といって、普通の家庭《かてい》では兄や姉が着た服を弟や妹がもらって着る習慣《しゅうかん》がありました。これは一つのものを大切に使い切《き》る、という考え方からなのです。また米一粒《こめひとつぶ》でも、お百姓《ひゃくしょう》さんが汗水《あせみず》たらして作ってくれたものだから大切にし、茶碗《ちゃわん》の底《そこ》に残《のこ》ったご飯粒《はんつぶ》も全部きれいに食べなさいと親から注意されたものです。この「もったいない」と思う感覚《かんかく》は、物や時間に対してだけでなく、人に関しても使われます。

例4　彼《かれ》は優秀《ゆうしゅう》な社員なのに、コピーの仕事しかさせないなんて、実《じつ》に**もったいない**。

例4は、人の優秀《ゆうしゅう》な能力《のうりょく》が会社で生かさないまま、無駄《むだ》になっていることを、惜《お》しいと思って「もったいない」と言っているわけです。

「もったいない」は、無駄《むだ》や浪費《ろうひ》をすることに対して注意したり、批判《ひはん》したりするときに使われますが、次《つぎ》の例は、すこしニュアンスが違《ちが》うので、注意が必要《ひつよう》です。

例5　あの奥《おく》さんは、彼《かれ》には**もったいない**ようなすばらしい人だ。

📖 無駄づかい　戒める　お百姓さん　ニュアンス

例6　こんな高価《こうか》なお品《しな》をいただいて、私にはもったいない。

例5は、彼《かれ》に比《くら》べると奥《おく》さんはすばらしい、彼《かれ》の奥《おく》さんにしておくのは惜《お》しいという意味で、彼《かれ》の奥《おく》さんは価値《かち》が高い、すばらしい人だと褒《ほ》めるときに使われます（彼《かれ》はちょっとかわいそうですが）。

例6は、自分の身分《みぶん》に比《くら》べて高価《こうか》すぎるものをもらった、自分にはふさわしくない、という謙《けん》遜《そん》の表現《ひょうげん》で、お礼《れい》を言うときによく使われます。いずれも「その価値《かち》がわからない、その価値《かち》を生かすことができない」「無駄《むだ》にしてしまう」ので、「もったいない」という表現《ひょうげん》になるわけです。

📖 ふさわしい　謙遜

もっと深く!

日本は国土《こくど》が狭《せま》い割《わり》には人口《じんこう》が多く、また自然《しぜん》から得《え》られる恵《めぐ》みもそれほど豊富《ほうふ》ではなかったので、生活の上《うえ》で物を大切にする必要《ひつよう》があった。したがってものを浪費《ろうひ》する、あるいは価値《かち》あるものが利用《りよう》されないまま無駄《むだ》になることを強く戒《いまし》めるようになった。それが「もったいない」という日本語が生まれた背景《はいけい》にある。

特《とく》に古《ふる》くから仏教《ぶっきょう》が広まり、「殺生《せっしょう》」(生《い》き物《もの》、特《とく》に四つ足の動物《どうぶつ》を殺《ころ》すこと)は罪悪《ざいあく》だと考えられていたから、歴史的《れきしてき》にみて、魚《さかな》以外《いがい》の動物《どうぶつ》の肉《にく》を食べる習慣《しゅうかん》もあまりなかったために、日本人の食生活《しょくせいかつ》はそれほど豊《ゆた》かではなかった。皮肉《ひにく》なことに、そのために近年《きんねん》、日本料理は健康《けんこう》にいいとされるようになったが、もともと物を大切にする「もったいない」という考え方が形成《けいせい》された理由《りゆう》は、物が豊《ゆた》かでないところにあった。さらに、貧《まず》しい生活に不満《ふまん》をもたないという武士道《ぶしどう》の考え方(→p153)や、「わび、さび」を尊重《そんちょう》する「清貧《せいひん》」(→p173)の思想《しそう》も、物を大切にし、浪費《ろうひ》しない、という日本人の感性《かんせい》と大《おお》いに関係があると考えられる。

「もったいない」という日本語は、英語の"wasteful"や、中国語の「可惜」などでは、そのまま置《お》き換《か》えられないニュアンスをもっている。

ノーベル平和賞受賞者《へいわしょうじゅしょうしゃ》で、ケニアの環境副大臣《かんきょうふくだいじん》だったワンガリ・マータイ氏《し》は、二〇〇五年に来日《らいにち》した際《さい》、日本語に「もったいない」という言葉があるのを知った。そしてそれが、資《し》

📖 食生活　豊か　皮肉　健康　ノーベル平和賞

源《げん》を大切にして継続的《けいぞくてき》に利用《りよう》していくための考え方、"Reduce"（廃棄物《はいきぶつ》を減《へ》らす）、"Reuse"（再使用《さいしよう》する）、"Recycle"（再資源化《さいしげんか》する）の3Rをたった一語で表《あらわ》していることに深《ふか》い感銘《かんめい》を受け、それを環境保全《かんきょうほぜん》の標語《ひょうご》として世界に広めようと呼《よ》びかけた。

日本の環境省発行《かんきょうしょうはっこう》の「平成《へいせい》一七年《年》版環境白書《ばんかんきょうはくしょ》」では、「もったいない」という日本語が、単《たん》に物を惜《お》しむだけではなく、物が持つ本質的《ほんしつてき》な値打《ねう》ちや役割《やくわり》が生かされないことを惜《お》しむ、という意味を持っていることを指摘《してき》し、エネルギーの無駄《むだ》をなくす、物の持つ価値《かち》を余《あま》すことなく使い切る、という意味で、「もったいない」の精神《せいしん》を大切にすることを提言《ていげん》している。「もったいない」という言葉は、現在《げんざい》では本や歌などで取《と》り上《あ》げられる一方《いっぽう》、まだ食べられるのに捨《す》てられてしまう「食品《しょくひん》ロス」というグローバルな問題と合《ごう》流《りゅう》し、"MOTTAINAI"という言葉になって世界に広まりつつある。

環境《かんきょう》に配慮《はいりょ》して作られたティッシュペーパー

廃棄物　感銘を受ける　環境保全　標語　値打ち
余すことなく　提言する

単語《たんご》ノート

しみ	stain	污垢	얼룩
惜《お》しむ	take exception in the sense of seeing something go to waste	觉得可惜	안타까워하다
有益《ゆうえき》な	useful	有益	유익
価値《かち》	value	价值	가치
無駄《むだ》になる	go to waste unused	浪费	소용없게 되다
戒《いまし》める	admonish	告诫	충고하다
無駄《むだ》づかい	wasteful spending	乱花钱	낭비 , 허비
お百姓《ひゃくしょう》さん	farmer	农民	저희 백성 씨
ニュアンス	nuance	语感	뉘앙스
ふさわしい	appropriate	合适的	적합하다 , 걸맞다
謙遜《けんそん》	modesty	谦逊	겸손
ノーベル平和賞《へいわしょう》	The Nobel Peace Prize	诺贝尔和平奖	노벨 평화상
健康《けんこう》	health	健康	건강
皮肉《ひにく》	sarcasm	讽刺	야유 , 비꼬는말
豊《ゆた》か	abundant	丰富	풍요롭다
食生活《しょくせいかつ》	eating habits	饮食习惯	식생활
廃棄物《はいきぶつ》	waste	废弃物	폐기물
感銘《かんめい》を受《う》ける	be impressed by	深有感受	감명을 받다
環境保全《かんきょうほぜん》	environment preservation	环保	환경보전

標語《ひょうご》	slogan	标语 口号	표어
値打《ねう》ち	value	价值	가치
余《あま》すことなく	till nothing remains, completely use up	不剩下	남기지 않고
提言《ていげん》する	advocate	建议	제언하다

参考文献《さんこうぶんけん》

北原保雄《きたはらやすお》　『明鏡国語辞典《めいきょうこくごじてん》』　大修館書店《たいしゅうかんしょてん》

松村明《まつむらあきら》　『大辞林《だいじりん》』　三省堂《さんせいどう》

『日本国語大辞典《だいじてん》』　小学館《しょうがくかん》

大槻文彦《おおつきふみひこ》　『言海《げんかい》』　筑摩書房《ちくましょぼう》、ちくま学芸文庫《がくげいぶんこ》

ルース・ベネディクト　『定訳《ていやく》　菊《きく》と刀《かたな》』　社会思想社《しゃかいしそうしゃ》、現代教養文庫《げんだいきょうようぶんこ》

土井健郎《どいたけお》　『甘《あま》えの構造《こうぞう》』　弘文堂《こうぶんどう》

九鬼周造《くきしゅうぞう》　『いきの構造《こうぞう》』　岩波文庫《いわなみぶんこ》

中根千枝《なかねちえ》　『タテ社会の人間関係』　講談社現代新書《こうだんしゃげんだいしんしょ》

和辻哲郎《わつじてつろう》　『人間《にんげん》の学《がく》としての倫理学《りんりがく》』　岩波文庫

和辻哲郎　『風土《ふうど》』　岩波文庫

和辻哲郎　『日本精神史研究《せいしんしけんきゅう》』　岩波文庫

鈴木大拙《すずきだいせつ》　『禅《ぜん》と日本文化』　岩波新書《いわなみしんしょ》

家永三郎《いえながさぶろう》　『日本道徳思想史《どうとくしそうし》』　岩波全書《いわなみぜんしょ》

新渡戸稲造《にとべいなぞう》　『武士道《ぶしどう》』　岩波文庫

山本常朝《やまもとじょうちょう》・述《じゅつ》　『葉隠《はがくれ》』　岩波文庫

大道寺友山《だいどうじゆうざん》　『武道初心集《ぶどうしょしんしゅう》』　岩波文庫

【よ】

【る】

【れ】

【ろ】

【わ】

【ま】

【み】

【む】

【め】

【も】

【や】

【ふ】

【へ】

【ほ】

【す】

【せ】

【そ】

【た】

【う】

【え】

【お】

索《さく》引《いん》

【B】

【あ】

【い】

森田六朗（もりた・ろくろう）

1944 年島根県生まれ。早稲田大学文学部東洋哲学専修卒業。出版社勤務の後、北京・対外経済貿易大学で日本語、日本文化、日本史を教える。また中国の若者に剣道を指導（剣道教士七段）。
著書に『北京で二刀流』（現代書館）などがある。

アンケートにご協力ください

PC https://www.ask-books.com/support/

Smartphone

日本人の心がわかる日本語

二〇一一年五月二〇日　初版第一刷発行
二〇二一年三月十六日　改訂新版　第一刷発行
二〇二四年九月　五日　改訂新版　第二刷発行

著者　森田六朗

発行者　天谷修身
発行　株式会社アスク
〒162-8558　東京都新宿区下宮比町2-6
電話　03-3267-6864
印刷　日経印刷株式会社
装丁　岡崎裕樹
本文デザイン・DTP　木村祐一（株式会社ゼロメガ）
イラスト　yochymess
翻訳・校正協力　株式会社ゼロメガ

ISBN978-4-86639-377-3　C0081
定価はカバーに表示してあります。乱丁、落丁本がございましたらお取り替えいたします。